일제침탈사 38
바로알기

일제강점기
한글 운동과 조선어학회 사건

● 이준식 지음 ●

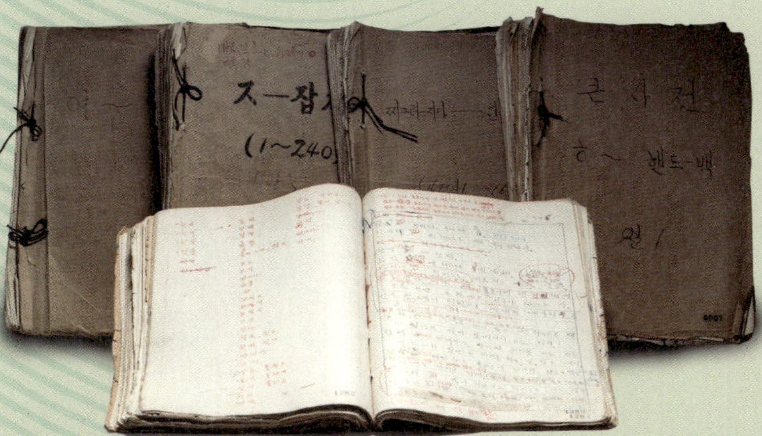

동북아역사재단
NORTHEAST ASIAN HISTORY FOUNDATION

발간사

일본이 한국을 침탈한 지 100년이 지나고 한국이 일본의 지배로부터 벗어난 지 80년이 넘었건만 식민 지배에 대한 청산은 이루어지지 못하고 있습니다. 일본의 독도영유권 주장은 도를 넘어섰습니다. 일본은 일본군'위안부', 강제 동원 등 인적 수탈의 강제성도 인정하지 않고 있습니다. 일본군'위안부'와 강제 동원의 피해를 해결하는 방안을 놓고 한일 간의 갈등은 최고조에 이르고 있습니다. 역사문제를 벗어나 무역분쟁, 안보위기 등 현실 문제가 위기 국면을 맞고 있습니다.

한일 간의 갈등은 식민 지배의 역사를 어떻게 볼 것인가 하는 역사 인식에서 기인합니다. 역사는 현재와 과거의 대화이며 이를 기반으로 미래로 나아갈 수 있습니다. 과거 침략의 역사를 미화하면서 평화로운 미래를 말하는 것은 불가능합니다. 식민 지배와 전쟁 발발의 책임을 인정하지 않고 반성하지 않으면 다시 군국주의가 부활할 수 있고 전쟁이 일어날 위험성도 배제할 수 없습니다. 미래지향적 한일관계를 형성하고 나아가 동아시아의 평화와 번영의 기틀을 조성하기 위해 일본은 식민 지배의 책임을 인정하고 그 청산을 위해 노력해야 할 것입니다.

식민 지배의 역사를 청산하기 위해서는 식민 지배가 어떻게 이루어졌는지 그 실상을 명확하게 규명하는 일이 긴요합니다. 그동안 일본제 국주의에 맞서 조국의 독립을 위해 헌신한 독립운동가들의 활동을 찾아내고 역사적으로 평가하는 일에는 상당한 성과를 거두었습니다.

반면 일제 식민침탈의 구체적인 실상을 규명하는 일에는 충분한 노력을 기울이지 못했습니다. 제국주의가 식민지를 침탈했다는 것은 너무나 당연한 사실로 여겨졌기 때문에 굳이 식민 지배에서 비롯된 수탈과 억압, 인권유린을 낱낱이 확인할 필요가 없었는지도 모릅니다. 그러는 사이 일본은 식민 지배가 오히려 한국에 은혜를 베푼 것이라고 미화하고, 참혹한 인권유린을 부인하는 역사부정의 인식을 보이는 데까지 이르고 있습니다. 일제의 통치와 침탈, 그리고 그 피해를 종합적으로 조사하고 편찬할 필요성이 여기에 있습니다.

일제침탈사를 체계적으로 정리하는 일은 개인이 감당하기 어렵습니다. 이에 우리 재단은 한국학계의 힘을 모아 일제침탈사 편찬위원회를 꾸렸습니다. 편찬위원회가 중심이 되어 일제의 식민지 침탈사를 정치·경제·사회·문화 모든 방면에 걸쳐 체계적으로 집대성하기로 했습니다. 일제 식민침탈의 실체를 파악하기 위해 2020년부터 세 가지 방면으로 사업을 추진하고 있습니다. 하나는 일제침탈의 실상을 구체적이고 생생한 자료를 통해서 제공하는 일로서 〈일제침탈사 자료총서〉를 편찬합니다. 다른 하나는 이들 자료들을 바탕으로 연구한 결과물을 〈일제침탈사 연구총서〉로 간행합니다. 그리고 연구의 결과를 대중들이 이해하기 쉽게 〈일제침탈사 교양총서〉를 '바로알기' 시리즈로 간행합니다. '바로알기' 시리즈는 우리 중학교, 고등학교 학생들도 어렵지 않게 읽을 수 있도록 제작했습니다. 오랫동안 학계에서 공부해 온 전문가 선생님들이 일제 침탈과 관련된 다양한 주제를 집필해 주셨습니다. 이해하기 쉽도록 해당 주제를 사안별로 나눠 집필해서 가독성을 높였고 사진과 도표도 충분히 곁들였습니다. '바로알기' 시리즈를 통해 많은 시민과 학생들이 제국주의 일본의 한반도 침탈과 그로 인한 피해 실상을 바로 알 수 있게 되기를 바랍니다.

2025년

동북아역사재단 이사장

차례

1

한글 세계로의 혁명적 변화를 이끈 조선어학회

우리는 지금 한글의 세계에 살고 있다. 그러나 불과 80년 전, 그러니까 일제 식민 지배에서 벗어난 1945년 8월 15일 이전까지만 해도 그렇지 않았다. 일제는 우리 민족의 한글 사용을 억압하는 한편, 일본의 '국어'(고쿠고)인 일본어 사용을 강요했다. 이는 '한글 말살 정책'이라고 부를 정도로 강압적이었다. 그럼에도 민족의 언어인 한글은 살아남았고, 광복 이후 오늘날까지 대한민국 국어로서 지위를 누리고 있다.

더 거슬러 올라가면, 한글은 창제 이후 19세기 말까지 피지배층이 사용하는 문자에 불과했다. 한글의 한문식 표기인 '언문(諺文)'의 '언'이라는 글자 자체가 상말, 속된 말을 뜻한다는 것은 이를 잘 보여준다. 그뿐만 아니라, '천한 여자들이나 쓰는 천한 글'이라 하여 '암글'이라고 불리기도 했다.

그런 한글이 오늘날 법에 따라 국어로 지정되었고, 나아가 한글 전용

정책까지 시행되고 있다. 한 세기도 채 되지 않는 짧은 기간 동안 우리의 언어생활은 완전히 한글 중심으로 바뀐 것이다. 이러한 언어 혁명 곧 한글 혁명의 주체는 당연히 실제로 말과 글을 쓰는 사람들, 즉 언중(言衆)이다. 그러나 이러한 한글 혁명을 앞장서서 이끈 사람들이 분명히 있었다. 바로 한글 학자와 한글 운동가들이다.

19세기 말 이후 한 세기 동안 한글을 지키고 정리하며 보급하는 데 앞장선 사람들의 주장이 우리 사회에서 받아들여지게 된 데에는 중요한 계기가 있었다. 바로 1942년 일제가 한글 운동을 탄압하기 위해 만들어 낸 조선어학회 사건이다. 광복 이후 이 사건이 많은 사람에게 알려지면서 한글 운동은 민족적 정당성을 확보할 수 있었다. 그 결과 한글 운동가들의 주장이 국가의 언어 정책에 직접 반영될 수 있었다.

일제강점기 독립운동사를 살펴보면, 독립운동가들이 남긴 기록 속에서 우리 말과 글을 지키려는 노력을 자주 발견하게 된다. 국내는 물론 중국 상하이와 미국 로스앤젤레스, 일본 도쿄, 러시아 블라디보스토크에 이르기까지 어려운 여건 속에서도 국한문을 섞어 쓰거나 한글만으로 기록한 자료를 볼 때마다 가슴이 뭉클해진다.

예를 들어보자. 오늘날 한국인 관광객들이 많이 찾는 중국 타이항산(太行山) 자락에는 조선의용대 두 투사, 윤세주와 진광화(본명은 김창화)의 첫 무덤이 남아 있다. 이 무덤은 일제의 타이항산 일대 항일 세력 소탕 작전에 대항하다가 전사한 두 사람을 기리기 위해 중국 사람들이 유해를 모신 곳이다. 이후 두 사람의 유해는 우리의 국립묘지에 해당하는 허베이(河北)성 한단(邯鄲)시 진지루위(晋冀魯豫) 혁명열사릉으로 옮겨졌다. 그러나 첫 무덤도 지금까지 잘 보존되어 있어, 때때로 이곳을 찾는 한국인의 가슴을

먹먹하게 만든다. 돌로 만든 제법 꽤 큰 두 무덤의 아랫부분에는 한결같이 'ㅈㅗㅅㅓㄴㅁㅣㄴㅈㅗㄱㅕㅇㄴㅕㅇ'이라는 글자가 새겨져 있다. '조선 민족 영령'을 한글의 음소를 하나씩 떼어내 가로로 풀어쓴 것이다.

중국 사람들이 만든 무덤에 한글로, 그것도 풀어쓰기 형태로 새긴 것은 놀라운 일이다. 무덤을 만드는 과정에서 조선의용대의 동지들이 깊이 관여했음을 짐작하게 한다. 나아가 이는 조선의용대의 지도자 가운데 한 사람이자 한글 운동가로서 한글 가로 풀어쓰기를 강력히 주장했던 김두봉과도 무관하지 않을 것이다.

거슬러 올라가면, 1938년 10월 중국 한커우(漢口, 지금의 우한[武漢])에서 조선의용대가 출범할 때 찍은 기념사진을 통해 확인되는 조선의용대 군기에도 조선의용대 표기가 'ㅈㅗㅅㅓㄴUㅣㅛㅇㄷㅐ'로 적혀 있다. 주시경 이래

타이항산 윤세주, 진광화 첫 무덤에 새겨진 한글 가로 풀어쓰기

출처: 필자 촬영

조선의용대 설립 기념사진

출처: 독립기념관

한글 운동가들이 꿈꾸어 온 한글로만 쓰기, 가로쓰기, 더 나아가 가로 풀어쓰기가 조선의용대에서는 일정 부분 실행에 옮겨지고 있었다.

조선의용대와 그 후신인 조선의용군은 타이항산 일대에서 활발한 항일 투쟁을 벌이는 가운데 활동의 기록을 곳곳에 남겼다. 지금도 타이항산의 여러 옛 건물에는 조선의용대(군)의 항일 선전 구호가 생생하게 새겨져 있다. 그중 가장 널리 알려진 것은 "왜놈의 상관놈들을 쏴죽이고 총을 메고 조선의용군을 찾아오시요!"라는 구호다. 이 구호는 한글 가로쓰기로 적혀 있다. 지금의 한글 가로쓰기와는 달리 왼쪽에서 오른쪽으로 쓰였지만, 한글 가로쓰기가 조선의용대(군) 내부에서는 어느 정도 뿌리 내리고 있었음을 짐작하게 한다.

타이항산 운두저촌에 남아 있는 조선의용군의 선전 구호

출처: 필자 촬영

중국을 침략한 일본군에 맞서 최전선에서 싸우던 조선의용대(군)의 한글 가로쓰기는 여러모로 시사하는 바가 크다. 이는 일제강점기 민족 운동 진영에서 한글을 어떻게 인식했는지를 상징적으로 보여주기 때문이다. 물론 모든 독립운동가가 한글 전용이나 한글 가로쓰기를 따랐던 것은 아니다. 특히 한글 가로 풀어쓰기는 결코 쉽게 받아들여지지 않았다. 그럼에도 전체적인 흐름은 민족의 언어인 한글로 의사소통해야 한다는 쪽으로 나아갔다.

이러한 변화는 대한민국이 헌법 전문에서 그 법통을 계승했다고 밝힌 대한민국임시정부의 여러 자료에서도 확인할 수 있다. 대한민국임시정부는 1919년 4월 11일 출범 당시 임시 헌법이 「대한민국임시헌장」을 공포했다. 이 헌법은 민주공화제 대한민국의 출발점이라고 알려져 있다. 10개

조항으로 된 1919년 대한민국임시헌장은 한글과 한자를 함께 사용한 세로쓰기 형태를 취하고 있었다.

그런데 그로부터 23년이 지난 뒤, 대한민국임시정부가 채택한 「대한민국건국강령」은 두 가지 형태로 세상에 알려졌다. 하나는 대한민국임시정부에서 발간한 것으로 추정되는 『한국독립당당헌 · 당규 대한민국건국강령 한국광복군공약』이라는 작은 자료집에 실린 것이다. 이 자료집의 대한민국건국강령은 한글과 한자를 섞어 썼다. 반면, 1941년 12월 8일 자 『대한민국임시정부 공보』 제72호에 실린 대한민국건국강령은 한글로 표기되었고, 한자는 필요한 경우에만 한글과 함께 적었다. 대한민국임시정

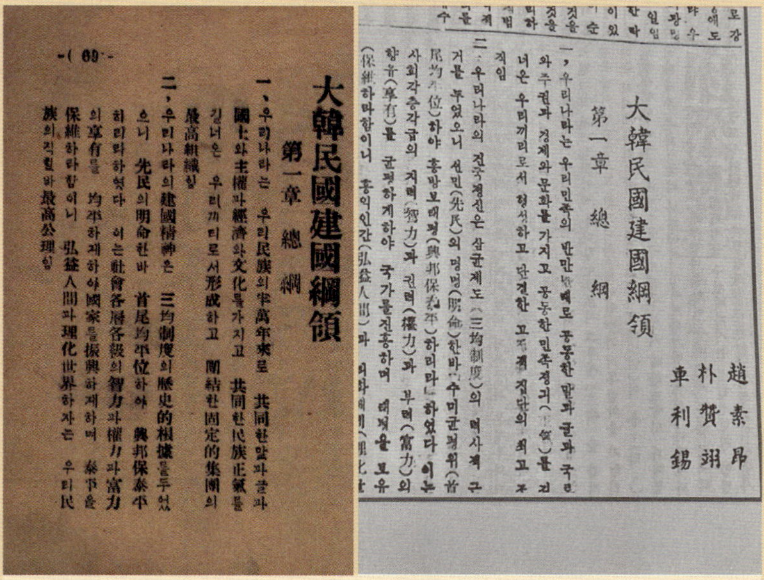

대한민국건국강령

출처: 필자

부가 관보로 발행하던 『대한민국임시정부 공보』에서 비록 한자 제목과 세로쓰기를 했지만, 본문에서는 한자 표기를 최대한 피하고 한글 쓰기를 채택했다는 것은 대한민국임시정부 안에서 한글 쓰기와 관련해 큰 변화가 일어나고 있었음을 보여준다.

흔히 민족이란 '공통의 언어, 지역, 경제생활과 공통의 문화로 표현되는 심리 상태를 토대로 역사적으로 형성된 공동체'로 규정된다. 민족은 불변의 사회적 실체가 아니다. 역사적으로는 특정 시기 곧 근대에만 나타났다. 이는 민족이 근대 민족 국가와 관련될 때만 하나의 실체가 된다는 것을 의미한다.

언어는 근대 민족의 형성과 근대 민족 국가의 성립에서 빠뜨릴 수 없는 요소다. 언어는 민족이 형성되고 그 동질성을 유지하는 데 기초가 되기 때문에 근대 이후 일정한 정치적 힘을 가지게 되었으며, 국가, 종교와 함께 민족 공동체 형성에서 가장 중요한 역할을 해 왔다. 이는 우리만이 아닌 세계적 추세였다.

일제강점기 한글 운동은 우리 민족의 언어인 한글을 정리하고 널리 보급함으로써 민족의 정체성을 확립하려고 했다. 그리고 일제의 민족 말살 정책에 항거하고 민족 언어를 보존하려 했기 때문에 그 자체로 민족 운동의 의미가 있다.

광복과 동시에 한글은 국가의 언어, 곧 국어가 되었다. 이러한 의미에서 지금은 한글 운동이라는 말 자체가 무색할 정도로 한글 사용이 일상화되었지만 한글 운동의 큰 뜻은 그대로 이어지고 있다. 80년 가까운 분단 체제 속에서도 우리 민족이 동질성을 유지할 수 있는 요소 중 하나가 바로 한글이라는 공통의 언어다.

한글에 관한 논의의 출발점은 현재 우리 민족의 언어생활이 한글 중심이라는 데 있다. 19세기 말까지만 해도 우리 민족의 언어생활은 한자와 한글이라는 두 개의 언어에 바탕을 두고 있었다. 말하자면 이중 표기 체계였다.

그 가운데 한글은 지배층의 언어가 아닌 피지배층(지배층의 여성까지 포함)의 언어였다. 나라의 공식 언어는 한글이 아니라 한문이었다. 19세기 말까지 우리 민족은 사실상 한자의 세계에 살고 있었다. 하지만 21세기 현재 우리는 한자가 아닌 한글의 세계에 살고 있다. 주시경, 김두봉, 최현배를 周時經, 金枓奉, 崔鉉培가 아니라 주시경, 김두봉, 최현배로 표기하고 있는 것이다.

한자의 세계에서 한글의 세계로의 전환은 단순히 표기법의 변화에만 그치지 않았다. 세로쓰기에서 가로쓰기로의 전환까지 포함한다. 지금도 한자를 쓰지 않으면 큰일이 나는 것처럼 여기는 사람들이 없지는 않다. 그러나 이미 현실로 굳어진 한글 중심의 세계를 다시 한자의 세계로 되돌리는 것은 사실상 불가능하다.

중요한 것은 이러한 전환이 하루아침에 일어난 것이 아니라는 사실이다. 말과 글의 일치, 한글 전용, 한글 가로쓰기를 핵심으로 하는 언어생활의 혁명적 변화를 처음으로 주장한 사람은 19세기 말 주시경이었다. 그리고 주시경으로부터 시작된 한글 혁명의 움직임을 현실로 만든 것은 바로 그의 동료와 제자들이 결성한 조선어학회(지금의 한글학회)였다.

또 하나 중요한 점은 한글 운동이 결코 순조롭게 진행되지 않았다는 사실이다. 주시경이 한글 운동을 시작한 지 얼마 지나지 않아, 나라는 주권을 일제에 빼앗겼다. 대한제국 시기 국어의 지위를 이제 막 누리기 시작한 한글은 일제강점기 내내 일본의 '국어'인 일본어에 밀려 피지배 민족의 언어인 '조선어'로 불렸다. 한글은 여전히 민족의 언어였지만 일제의 식민 지배 정책에 따라 존폐의 갈림길에 서기도 했다. 특히 일제강점기 말에는 조선총독부의 '국어'(=일본어) 상용 정책에 따라 한글 사용이 극도로 억제되었다.

이처럼 한글 운동은 늘 일제 식민 지배 정책과 맞서는 과정에서 부침을 겪어야만 했다. 때로는 한글 운동의 목표를 이루기 위해 조선총독부와 협력하기도 했으며, 또 때로는 극심한 탄압을 받기도 했다.

이 책은 한글 운동을 대표하는 조선어학회가 어떤 단체였는지, 그 구성원은 누구였는지, 그리고 한글 운동이 궁극적으로 무엇을 지향했는지를 살펴보고자 한다. 이를 통해 왜 1942년이라는 시점에 조선어학회가 일제로부터 대대적인 탄압을 받게 되었는가 하는 문제를 따져볼 것이다.

2

영화 「말모이」와 조선어학회 사건

2019년에 「말모이」라는 영화가 개봉되었다. 영화 제목 말모이는 일반 독자에게는 다소 생소하겠지만, 주시경 이래 한글 운동가들이 사용해 온 순우리말이다. '말을 모은다'라는 뜻으로, 오늘날의 '사전'이다. 이 영화는 일제강점기 말 조선어학회의 한글 학자들이 『우리 말 큰 사전』을 펴내기 위해 활동하다가 일제의 탄압을 받게 된 사건을 소재로 하고 있다. 이른바 '조선어학회 사건'으로 불리는 일제의 한글 운동 탄압을 다룬 영화 「말모이」는 적지 않은 사람들의 관심을 모아 286만 명의 관객을 동원했다.

영화에는 당연히 사실과 허구가 섞여 있다. 조선어학회 사건 자체는 역사적 사실이지만 등장인물 대부분은 가공의 인물이다. 주인공 류정환(윤계상 분)에게 말모이 첫 원고를 전한 것으로 그려진 김두봉 정도만 실존 인물이다. 류정환이나 또 다른 주인공 김판수(유해진 분)는 모두 실제로 존재하지 않았던 인물이다. 영화에 등장하는 주요 배역 대부분이 낯선 이름을 사용하는 것도 같은 이유다.

류정환은 한글 학자 이극로를 염두에 두고 만든 인물로 알려져 있다. 영화 속에서 그는 해외 유학생 출신으로 조선어학회의 활동을 주도하는 인물로 묘사되고 있다. 이극로는 독일 유학생 출신이고 최현배와 함께 조선어학회의 쌍벽을 이루며 활동했다. "말은 민족의 정신이요, 글은 민족의 생명"이라는 영화 속 대사를 실제 역사에 남긴 인물이기도 하다. 그러니 류정환을 이극로와 연결짓는 것이 얼마든지 가능하다. 그런데 영화에서는 류정환을 친일파의 아들로 설정하고 있는데, 실제로 이극로뿐만 아니라 조선어학회 전체 회원 중에 친일파의 자녀는 없었다. 영화의 극적 효과를 위해 허구를 덧붙인 대표적인 사례라 할 수 있다.

영화에는 조갑윤, 임동익, 박훈, 구자영(여성) 등이 조선어학회 회원으로 등장한다. 조선어학회는 한글 학자들의 조직이었다. 당시 20~30명 정도에 이르는 조선어학회 회원 가운데 여성 회원은 없었다. 안타깝게도 일제강점기에 여성 한글 학자는 아예 존재하지 않았다.

일제 경찰의 고문으로 사망하는 조갑윤은 조선어학회 사건으로 옥중에서 죽은 이윤재를, 조선어학회의 실상을 일제 경찰에 자백한 민우철은 조선어학회 사건의 발단이 된 정태진을 상정한 것으로 보인다. 그러나 영화 속 다른 인물들은 실제 인물들과 연결하기 어렵다. 특히 조선어학회의 핵심 인물이자 조선어학회 사건으로 이극로에 이어 두 번째로 중형을 선고받은 최현배의 모습을 영화에서 찾아보기 힘들다.

김판수는 처음에는 글을 읽지 못하고, 민족은커녕 언어의 중요성조차 알지 못하며, 좀도둑질이나 사기를 일삼던 인물이다. 영화는 이런 김판수가 그저 돈을 벌기 위해 들어간 조선어학회에서 한글의 중요성을 깨닫고, 성격이 완전히 바뀌어 조선어학회의 말모이 사업을 적극 돕다가 나중에는 『우리말 큰 사전』의 원고를 지키기 위해 죽음까지 맞는 변화 과정을 묘사한다.

그러나 조선어학회는 한글 전문가들의 모임이었다. 따라서 한글을 전혀 모르는 사람이 조선어학회의 활동에 참여했다는 설정은 사실과 다르다. 조선어학회 사건으로 한글 학자 이윤재와 한징이 옥중에서 목숨을 잃은 것은 역사적 사실이지만, 『우리말 큰 사전』의 원고를 지키다 목숨을 잃은 사람은 없었다. 김판수는 영화에서만 존재하는 인물이다.

다만 이 영화에서 놓쳐서는 안 되는 것은 바로 언어의 힘, 그리고 그것을 지키려는 사람들의 의지다. 역사적 사실은 조금씩 바꾸었지만 일제강점기 한글 운동가들이 우리 민족의 언어를 지키기 위해 목숨을 걸고 일제에 맞섰다는 기본 사실 하나만은 충실하게 전달하고 있다.

조선어학회의 한글 운동가들에게 한글은 단순한 문자가 아니었다. 한글은 우리 민족의 정체성과 연결된 독립의 상징이었다. 일제는 한글 사용을 금지하고 일본어를 강제하려 했지만, 조선어학회는 이를 거부하고, 조용하지만 강력한 저항을 이어갔다.

「말모이」는 이들의 희생과 노력으로 한글이 살아남았고, 이것이 광복 이후 '한글의 세계'로 이끈 혁명적 변화와 연결되었음을 그려낸다. 영화에는 "말은 민족의 정신이요, 글은 민족의 생명"이라는 대사와 함께 "한국어는 현존하는 3천 개의 언어 중 고유의 사전을 가지고 있는 단 20여 개의 언어 중 하나이며 한국은 제2차 세계대전 후 독립한 식민지 국가들 중 거의 유일하게 자국의 언어를 온전히 회복한 나라이다"라는 자막이 등장한다. 이는 오늘을 사는 우리가 자기 뿌리와 정체성을 잊지 말고, 더 나아가서는 함께 힘을 모아 그것을 지켜나가야 한다는 어쩌면 너무나 당연한 교훈을 담고 있다.

3

주시경 학파의 성립과 한글 운동의 태동

근대 민족의 형성이나 근대 민족 국가의 성립에서 언어가 핵심적인 요소라는 생각을 언어 민족주의라고 한다. 언어 민족주의는 역사적으로 볼 때, 근대 민족 국가를 건설하기 위해 민족 언어의 보급과 정비를 적극적으로 추진하는 일련의 움직임으로 나타났다. 일반적으로 민족주의자에게 민족 언어란 민족 구성의 결정적인 기준이자 민족의 정신 그 자체를 의미한다.

한국의 근대 민족주의는 저항 민족주의에서 출발했다는 특징을 가진다. 19세기 후반 이후 근대 사회로의 이행은 외세의 침략과 밀접한 관계를 맺고 있었으며, 민족의 자주적 발전을 가로막는 외세에 맞서 싸우면서 자신을 조직해 가는 과정이 곧 한국 민족주의의 형성 과정이 되었다. 이러한 상황에서 민족의 자주성을 지키기 위한 무기로써 언어의 통일성이 강조되었다.

한국의 민족주의자 가운데 상당수는 한글이 민족 주체성을 가장 근본적으로 표현하는 수단이라고 보았다. 따라서 한글의 지속적인 발전과 체계화 없이는 민족적 일체감을 형성하고 유지하는 것이 불가능하다고 믿었다. 이에 따라 19세기 후반 이후 언어 민족주의는 한국 민족주의의 중요한 흐름으로 자리잡았다. 언어 민족주의자들의 노력으로 이 무렵부터 한자 중심의 전통 문화가 한글 중심의 새로운 문화로 바뀌기 시작했다. 그 변화의 중심에는 주시경에서 비롯된 한글 운동이 자리를 잡고 있었다.

주시경은 말글을 독립의 얼(性)이라고 보았다. 그는 나라의 성쇠는 말글의 성쇠에 달려 있다고 했다. 주시경에게서 직접 배웠거나 같이 활동하면서 겨레의 말글을 지키고 살리는 것이야말로 국권을 회복하고 나라의 독

주시경

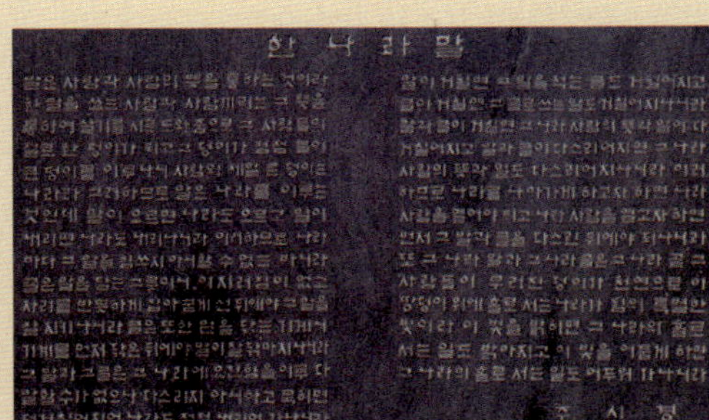

주시경 어록비

출처: 독립기념관

권덕규

출처: 한국학중앙연구원

신명균

출처: 박용규

김두봉

출처: 대종교 총본사

최현배

출처: 대종교 총본사

립을 유지하는 데 가장 중요한 일이라고 생각한 사람들이 주시경을 중심으로 모이게 되었다. 주시경의 영향 아래 한글의 중요성을 인식하게 된 일군의 청년들 곧 김두봉, 신명균, 권덕규, 최현배, 정열모, 김윤경 등이 이후 한글 운동의 핵심을 이루게 된다는 점에서 주시경은 한글 운동의 출발점이라고 할 수 있다.

주시경은 민족의 언어인 한글을 살리는 것이야말로 나라와 민족의 위기를 벗어나는 지름길이라고 생각했다. 이 점에서 주시경은 언어 민족주의자였다. 주시경이 한글 운동을 시작한 19세기 후반은 일본에서 언어를 국가의 핵심 요소로 보는 '국어' 이데올로기가 형성되던 시기와 맞물린다. 주시경도 국가와 민족의 운명이 말글과 함께한다고 생각했다. 다만 제국주의의 관점에 입각한 일본의 '국어' 이데올로기와는 달리 주시경은 민족을 지킨다는 관점에서 우리의 국어를 보았다는 차이가 있다.

주시경을 비롯해 그의 뜻을 따르는 사람들은 '말-글-얼 일체'의 사상을 바탕으로 한자를 쓰지 말고, 우리의 고유 언어인 한글만을 쓰자는 한글 전용을 내세웠다. 그리고 한글을 쓸 때도 한자의 쓰기 방식인 세로쓰기를 버리고 가로(풀어)쓰기를 하자고 주장했다. 맞춤법에서는 어휘 형태소의 기본형, 곧 낱말의 원형을 고정해 표기하는 형태주의 원칙을 따르려고 했다.

이러한 생각을 바탕으로 한글의 연구와 보급에 이바지하려고 한 사람들을 일제강점기에는 주시경파로 불렀다. 주시경의 제자인 최현배의 글에는 다음과 같이 적혀 있다.

> 우리 한글 운동자를 가리켜 주시경파라 하고 … 주시경 님은 물론 한글

운동의 중흥조라 영세의 명예와 존경을 받으실 것은 꼼짝없는 일이다. 그러나 이는 그의 학설이 하나에서 열까지 전부가 다 꼼짝할 수 없는 완벽이기 때문이 아니요 또 조선말과 글에 관한 학리를 남김없이 대성하였기 때문도 아니라, 차라리 한글 운동의 정로를 열고 순도자적 열성으로 평생 여일히 매진하다가 생을 마쳤기 때문이다. … 오늘날의 한글 운동의 진영은 주선생의 학도로써만 된 것이 아니다. 직접 간접으로 주선생의 교설을 받아 그를 사사하는 사람만이 조선어학회의 회원이 되어서 한글 운동을 한다고 보는 사람이 없지 아니하지만, 이는 큰 오류를 범한 인식 부족이다. 오늘의 조선어학회 회원 가운데 바로 주 스승의 성해(謦咳)를 접한 사람은 오히려 소수요 대다수는 그의 얼굴도 뵈옵지 못한 이들이다. … (서양, 일본, 경성 관립 학교, 독학 등) 각 방면에서 공부한 사람들이 어째서 한 덩어리가 되어서 한글 운동의 전선을 공장(共張)하게 되었나? … 각각 현대의 언어 과학을 공부한 결과, 그 조선 어문에 관한 견해와 방향에 관하여 대략 간담이 상조하는 바 있었기 때문이다. 다시 말하면 한글 진영은 결코 세간적 정실의 순합(苟合)도 아니요. 정략적 무리의 오합도 아니요. 실로 진리를 사랑하며 조선어를 사랑하는 사람들의 지기적 결합이다. 그러므로 그들이 열렬한 토의 가운데에서 혹 미세한 의견의 차이로서 낯을 붉히는 일이 없지 아니하였지만, 그것쯤으로써는 결코 이 지기적 결합을 꼼짝할 수 없는 것이었다.(최현배, 『한글의 바른 길』, 조선어학회, 1937, 45~46쪽)

1937년에 최현배가 쓴 글에서 알 수 있듯이 당시에는 주시경파라는 말이 널리 퍼져 있었다. 다만 '파'라는 말이 주는 다소 부정적인 의미를 고려할 때 주시경 학파라는 표현이 더 어울린다고 여겨진다. 실제로 최근 학계에서는 주시경 학파라는 개념으로 한글 운동을 파악하고 있다.

주시경은 순 한글 신문인 『독립신문』의 편집에 적극 관여하는 한편 각종 학교와 강습회에서 교육 활동을 하며 한글을 연구하고 보급하는 데 앞장섰다. 또한 『독립신문』에서 같이 일하던 사람들과 함께 한글 사용 방법을 연구하기 위해 최초의 한글 연구 모임인 국문동식회(國文同式會)를 조직했으며, 1907년에는 최초의 한글 교육 기관 하기 국어강습소를 개설했다. 이어 1908년에는 강습소 졸업생들을 중심으로 국어연구학회를 조직했고, 1909년에는 국어연구학회 산하의 국어강습소를 개설했다.

4

1910년대 주시경 학파의 민족 운동

우리 사회가 일제의 식민지로 전락한 1910년 이후 한글 운동에는 커다란 위기가 닥쳐왔다. 주시경은 한글을 대한제국의 나라 글, 곧 국어로 만들고자 했는데 강제 병합으로 국어의 존재 자체가 불가능해졌기 때문이다.

그렇지만 한글 운동을 통해 근대 민족 국가의 건설에 이바지하겠다는 주시경의 소망 자체는 흔들리지 않았다. 최현배에 따르면 "건지려던 나라가 이미 없어지기는 하였으나, 그 백성인 내 겨레가 아직 여전히 남아 있으니 … 이미 엎어진 큰 집을 미래에 다시 세우는 것이 더 깊고 먼 스승(주시경-인용자)의 포부였으며, 더 간절하고 질긴 스승의 의지"(최현배, 「나의 존경하는 교육자 주 시경 스승」, 『나라건지는 교육』, 정음사, 1963, 159~160쪽)였다는 것이다. 주시경은 일제의 식민 지배 아래에서도 민족 국가 건설이라는 기존의 목표를 포기하기보다는 거기에 독립을 위한 기반 구축이라는 새로운 목표를 추가하는 것으로 위기에 대처하려고 했다.

조선어강습원 터(현재 서울특별시 종로구 수송동)

출처: 앤더스팟

최현배가 조선어강습원에서 받은 '익힘에 주는 글'

출처: 외솔기념관

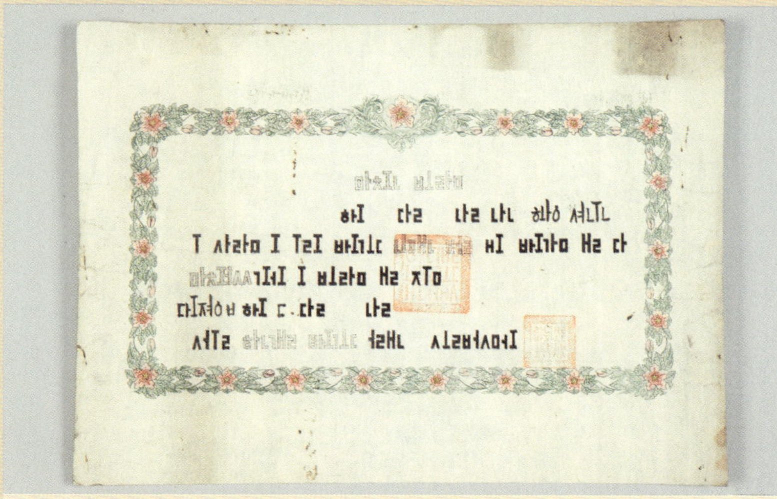

황선운이 조선어강습원에서 받은 '마친 보람'

출처: 대한민국역사박물관

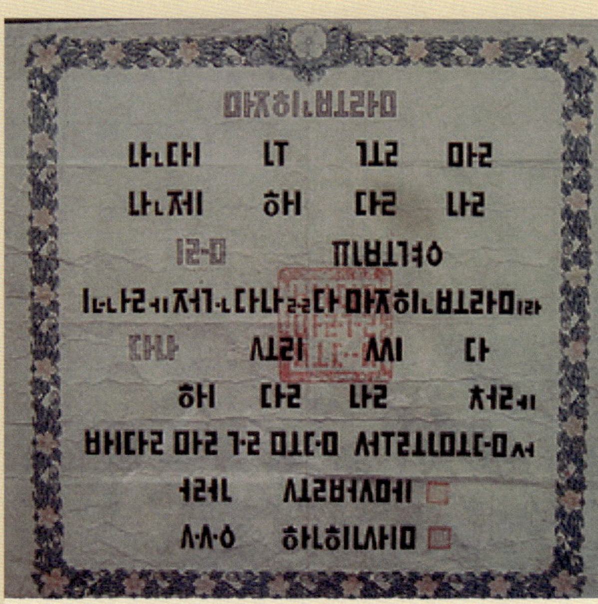

윤복영이 조선어강습원에서 받은 '마친 보람'

출처: 윤형섭

주시경은 1911년에 국어연구학회를 조선언문회(朝鮮言文會, 곧 배달말글몬음)로 개편했다. 동시에 국어강습소도 조선어강습원으로 개편해 처음으로 중등과 학생을 모집했다. 1912년에는 조선어강습원에 고등과를 설치하고, 1913년에는 배달말글몬음의 이름을 한글모로 바꾸었다.

주시경 학파의 활동은 좁은 의미의 한글 운동에만 머물지 않았다. 그들은 한글 운동을 다른 차원의 민족 운동과 결합하려 했다. 주시경은 오늘날 한글 학자이자 한글 운동가로 알려져 있지만, 당시 사람들의 생각은 달랐다.

주시경이 세상을 떠나고 10여 년이 지나 간행된 『한글』에는 "선생(주시경-인용자)은 가세 빈곤하여 갖은 고역을 하시면서도 학문 연구와 국사 경륜에 염염불태(炎炎不怠) 하시었다"라는 대목이 나온다. 이 글을 쓴 이는 주시경 학파의 한 성원이었을 것이다. 그런데 그가 주시경의 행적을 '학문 연구'와 '국사 경륜'으로 구분한 것이 흥미롭다. 주시경이 전념했다는 국사 경륜이란 구체적으로 무엇이었을까? 그동안 잘 알려지지 않았던 주시경 학파의 몇 가지 활동에서 그 답을 찾을 수 있다.

일제의 탄압으로 정치적 성격을 띤 결사의 활동이 사실상 금지되고 있던 1909년 대동청년단(일부 자료에는 대동청년당)이라는 비밀 결사가 만들어졌다. 초대 단장은 나중에 조선어강습원 원장이 되는 남형우였다. 이 단체는 박중화, 신백우, 김동삼, 안희제, 윤현진, 서상일, 장건상, 이우식, 윤병호, 이극로, 신채호 등이 참가한 대규모 항일 조직이었다. 단원 중에는 경상도 출신이 많았다. 1907년에 출범한 비밀 결사 신민회가 경상도에서는 거의 조직을 꾸리지 못했다는 점을 고려할 때 사실상 신민회 계열의 경상도 출신들이 항일 운동을 위해 만든 조직이었다. 실제로 남형우, 김동삼,

박중화, 신백우, 신채호 등은 대동청년단 단원이자 신민회 회원이었다.

주시경의 제자인 김두봉과 주시경의 동지인 남형우도 대동청년단에 참가했다. 이 외에도 나중에 조선어학회의 중추 역할을 하게 되는 이극로, 그리고 조선어학회 활동의 재정 후원자가 된 이우식, 윤병호 등도 단원이었다. 비록 황해도 출신인 주시경의 이름은 보이지 않지만, 주시경 학파가 대동청년단과 밀접한 관련을 맺고 있었음을 알 수 있다.

강제 병합 1년 뒤인 1911년 9월을 전후해서는 주시경과 남형우를 비롯한 배달말글몯음 회원 다수가 대종교에 입교했다. 나철이 대종교를 만든 목적은 단군을 내세워 민족혼을 일깨우는 데 있었다. 주시경의 제자인 김두봉도 대종교에 입교했다.

김두봉은 나철이 일제에 항거하다가 끝내 뜻을 이룰 수 없어 1916년 음력 8월 4일 황해도 구월산 삼성사에서 자결할 때 수행할 정도로 대종교 안에서 비중 있는 인물이었다. 최현배가 대종교에 정식으로 입교했는지는 분명하지 않지만, 경성고등보통학교에 재학 중이던 1912년 무렵 담임인 다카하시 도루(高橋亨)가 말리는데도 몰래 대종교 모임에 나가면서 경전을 손수 베껴 읽을 정도로 대종교에 빠져 있었다.

1915년 무렵 경성고등보통학교에 부설된 교원양성소 학생들과 경성고등보통학교 학생들을 중심으로 조선식산장려계라는 비밀 모임이 꾸려졌다. 모임은 조선의 경제적 자립을 표방했다. 조선에서 만들어진 옷감을 입는 것으로 민족의 힘을 길러 식민지 경제의 예속에서 벗어나자는 것이었다. 회원은 130여 명이었는데 김두봉도 협의원으로 활동했다. 이 모임에는 김두봉뿐만 아니라 배달말글몯음 회원들이 대거 가입했다. 조선어 강습원 원감 윤창식이 총무를 맡았고 남형우도 협의원이 되었다. 장지영

등은 일반 회원으로 참가했다.

주시경, 김두봉과 함께 말모이 작업을 하던 이규영이 1920년 1월 3일 병으로 사망하자 같은 달 14일 상해민단 주최로 추도식이 열렸다. 한낱 '국어학자'이고 상하이와도 아무런 직접 인연이 없는 이규영의 죽음에 대해 상하이의 독립운동 세력이 "김두봉 씨와 더불어 주시경 선생 문하의 쌍벽"이니 "전 민족의 손실"이니 추켜세우면서(『독립신문』, 1920.2.5) 추도식을 거행한 이유는 무엇이었을까?

추도식 발기인에는 남형우, 김두봉 외에 이광수, 최창식, 신익희가 포함되어 있었다. 앞의 두 사람이야 주시경 학파에서 같이 활동한 인연으로 발기인이 되었다고 하더라도 뒤의 세 사람은 왜 발기인에 이름을 올렸는지 궁금해진다. 최창식은 대한민국임시정부 국무원 비서장을 지낸 적이 있으며 이 무렵에는 이미 사회주의자로서의 정체성을 갖고 있던 이였다. 이광수는 대한민국임시정부 기관지 『독립신문』의 주필이었고, 신익희는 대한민국임시정부 법무차장을 거쳐 국무원 비서로 재직 중이었다. 신익희가 "민국 원년 독립운동 개시 이래 군은 암중에 동지의 연락 기타의 모의에 참여하였"(『독립신문』, 1920.2.17)다는 내용의 약력 보고를 한 것을 보면 상하이의 독립운동 세력은 이규영을 단순히 한글 학자이거나 한글 운동가가 아니라 다른 모습의 민족 운동가로 여기고 있었음을 알 수 있다.

주시경 학파의 남형우는 주시경 사망 후 해외로 망명해 노령(露嶺)의 대한국민의회에서 간부로 활동하다가 상하이로 갔다. 이때 상하이의 대한민국임시정부에서는 이동휘가 국무총리로 부임하면서 이동휘 세력과 안창호 세력 사이에 독립운동 노선을 둘러싸고 다툼이 벌어지고 있었는데 남형우는 늘 이동휘와 행동을 같이했다. 대한민국임시정부 초창기에 법무총장 자리를 고사하고 한때 베이징을 중심으로 반(反) 임시정부 활동을 벌였으며, 이동휘의 권유로 대한민국임시정부 교통총장으로 취임하고도 이동휘가 국무총리를 그만두자, 교통총장을 사임했다. 안창호 세력이 『독립신문』을 중심으로 활동했다면 남형우는 그에 맞서 『신대한신문』(주필 김두봉)을 중심으로 활동한 '신대한 그룹'의 '수위'였다고도 한다. 1925년 4월에는 만주에서 계급 타파, 약소민족과의 연대를 내세우고 다물단을 조직해 항일 무장 투쟁을 전개하기도 했다. 해외에 망명한 뒤 남형우의 활동에는 순수한 뜻의 한글 운동가 모습은 보이지 않는다.

앞의 몇 가지 사례만으로 부족하다면, 또 다른 예를 들어보자. 그것은 일제강점 이후 한글 교육이 점차 어려워지는 상황에서 주시경이 국외 망명을 계획하고 있었다는 사실이다. 비록 그가 망명을 실행에 옮기기 전에 갑작스럽게 세상을 떠나, 망명 이후 어떠한 활동을 펼치려 했는지는 알 수 없다. 그렇지만 국내에서 연구와 교육을 통한 한글 운동에 주력하던 때와는 다른 모습으로 민족 운동을 이어가려 했다는 것만은 분명해 보인다. 이와 관련해 눈길을 끄는 사실이 있다.

한국 사회주의 운동이 해외에서 먼저 시작되었으며 초기 사회주의 운동의 역사에서 상해파와 이르쿠츠크파가 서로 맞서고 있었다는 사실은 널리 알려져 있다. 러시아 모스크바에는 국립 사회정치사 문서 보관소라는 기관이 있다. 방대한 양의 옛 소련 시대 소련공산당 중앙위원회 보관 문서가 소장된 곳이다. 옛 소련 해체 이후 이 문서 보관소의 기록 가운데 제3 공산주의 인터내셔널 곧 코민테른의 한국 관련 기록이 공개되었다.

최근 발굴된 자료에 따르면 주시경 학파는 상해파와 깊이 관련되어 있었다. 상해파와 이르쿠츠크파 사이의 대립 과정에서 배달모듬이라는 조직이 여러 차례 거론되었다. 1921년 12월 상해파 고려공산당의 뿌리 가운데 하나인 사회혁명당 출신이자 상해파 간부이던 홍도는 사회혁명당의 기원을 설명하면서 "사회혁명당의 역사를 대략 말하면 1911년에 고려 국어학자 주시경 등의 발기로 배달모듬이라는 단체가 일어났는데, 그 종지는 고려에 정치 혁명을 실현하며 풍속 개량과 기타 여러 가지 문명 사업이었다"(『붉은군사』 2, 1921.12.24, 5쪽)고 주장했다. 그리고 배달모듬은 1915년 이후 일본에서 결성된 신아동맹당(또는 신아동맹단)의 한국 지부 역할을 했다는 사실도 언급했다. "1915년에 일본 동경에서 고려, 중국, 안남 등 각국 유학생들이 신아동맹단을 조직했는데 그 종지는 일본 제국주의 타파와 서로 도움과 민족 평등과 및 국제 평등 여러 가지인데, 고려 배달모둠은 이 신아동맹단의 지부로 행사하였"(『붉은군사』 2, 1921.12.24, 5쪽)다는 것이다. 홍도는 신아동맹당과 사회혁명당에 직접 참여한 이였다. 그의 말이 사실이라면 배달모듬은 신아동맹당 조선 지부를 거쳐 사회혁명당으로, 그리고 다시 상해파 고려공산당으로 이어졌다는 이야기가 된다.

이러한 주장은 상해파만이 내세운 것이 아니었다. 이르쿠츠크파 고려공산당의 간부였던 김철훈은 코민테른에 제출한 한 보고서에서 "소위 박진순 일파당의 기근(基根)된다는 배달모둠(사회 혁명주의 단체)"(김철훈, 「박진순 일파에 대한 보고-제3 국제공산당 동양비서부에」, 1921.12.27, 2쪽)에 대해 언급했다. 여기서 거론된 박진순은 상해파의 핵심 인물이었다. 따라서 김철훈이 경쟁 세력인 상해파의 국내 간부와 배달모듬을 이어서 파악하고 있었음을 알 수 있다.

이러한 주장을 편 사람은 또 있었는데 이르쿠츠크파의 지도자이자 코민테른 파견 대표였던 한명세이다. 그는 코민테른 집행위원회에 제출한 1921년 11월 16일 자 보고서에서 상해파 고려공산당의 조직 기반 가운데 하나가 서울의 비밀 단체 사회혁명당인데 이 단체의 전신은 민족 단체 배달모둠(ПяДармодум-러시아어 발음으로는 빠다르모둠)이라고 언급했다(한명세, 「코민테른 집행위원회 상임간부회 앞 보고」[원문은 러시아어], 10~12쪽).

결국 초기 사회주의 운동을 대표하는 두 파 모두가 상해파의 뿌리로 '배달모듬(또는 배달모둠)'을 지목한 셈이다. 여기서 배달모듬은 배달말글몬음을 가리킨다고 보아도 좋을 것이다. 이는 배달모듬의 창립자가 주시경으로 명시되어 있다는 데서도 확인된다. 배달말글몬음은 어디까지나 조직이 공개된 합법 단체였다. 그리고 활동의 영역도 한글의 연구와 보급에 있었다. 그런데 상해파와 이르쿠츠크파에서는 배달모듬을 일종의 비밀 결사로 여겼다. 주시경 학파의 성원 가운데 일부는 분명히 좁은 의미의 한글 운동을 뛰어넘는 다른 차원의 민족 운동을 지향하고 있었다. 주시경이 그러했고, 김두봉이 그러했다. 이들이 배달말글몬음이라는 합법 단체 안에 비밀 결사를 만들었을 가능성이 크다.

이와 관련해 주시경의 수제자격인 김두봉의 행적이 흥미롭다. 김두봉은 주시경이 사망한 후 조선어강습원 고등과의 강사로 선출되었다. 주시경의 동지 이규영이 남긴 「한글모 죽보기」라는 자료에 이런 사실이 적혀 있다.

김두봉은 3·1운동에 참여한 뒤 중국 상하이로 망명했는데 이곳에서 당시 꿈틀거리고 있던 사회주의 운동과 일정하게 연관되었다. 김두봉은 한인공산당(상하이 지역 위원장 이동휘)에 가입했다. 그런데 한인공산당은 이동휘 등이 만든 한인사회당이 1920년에 이름을 바꾼 것이다. 따라서 1920년 무렵 김두봉이 이동휘 세력과 일정한 관련을 맺고 있었음을 알 수 있다.

일제 경찰은 나아가 "재상해 불령선인이 조직한 사회당"이 "종래 이동휘, 김만겸, 김립, 계봉우, 고창일, 최창식, 여운형, 원세훈, 김두봉, 홍도 등을 주뇌(主腦)"(「大正10年6月10日 高警第18936號 國外情報」, 『不逞團關係雜件 朝鮮人ノ部 鮮人ト過激派(1)』)로 하고 있었다고까지 언급했다. 이는 김두봉을 상해 사회주의 세력의 중심인물 가운데 한 사람으로 파악한 것이다. 상해파와 이르쿠츠크파의 다툼이 본격화되던 1921년 여름 무렵 일제의 정보 문서에 따르면 상해파의 김립과 박진순은 소련 정부로부터 받은 자금 가운데 일부를 사용해 김두봉을 중심으로 경상남도 출신 청년 십수 명에 노령과 중국에 산재한 청년들을 더해 '대한청년공산당'을 조직하려는 움직임을 보였다고 한다.

물론 일제 경찰의 정보 가운데는 잘못된 것도 많다. 그렇더라도 1921년 무렵 일제 경찰의 정보 문서에 김두봉과 상해파의 관계가 자주 거론된다는 것 자체가 둘 사이에 일정한 관련이 없고서는 불가능한 일이었다. 상해파의 김철수가 "문제의 40만 원(소련 정부의 지원금-인용자) 건"에 대해 "남형우, 이동휘도 여비 썼고, 신채호의 역사편찬비, … 김원봉파의 의열단에도 자금을 도와주고 김두봉 이극로 중로한(中露韓) 회화 저작 등에도 도와주는 등등 각 방면으로 쓰였던 것"(김철수, 「본대로, 드른대로, 생각난대로, 지어만든대로」, 한국정신문화연구원 현대사연구소 엮음, 『지운 김철수』, 한국정신문화연구원 현대사연구소, 1999, 8쪽)이라고 회고한 것도 김두봉이 상해파와 연관되어 있었음을 시사한다.

김두봉과 상해파의 관련을 보여주는 또 다른 사례는 계봉우와의 관계이다. 계봉우는 상해파의 지도자인 이동휘와 가장 가까운 인물 중 한 사람이었다. 그는 1919년 무렵 대한민국임시정부 국무총리로 취임한 이동휘를 따라 상하이에 온 뒤 임시의정원 의원, 사료편찬위원회 위원으로 활동하며 『독립신문』에 여러 편의 글을 실었다. 1920년 2월 26일 「아령실기」를 연재하면서부터는 '뒤바보'라는 필명을 쓰기 시작했는데, 이는 원래의 호인 북우(北愚)를 순우리말로 옮긴 표현이다. 이때부터 계봉우가 한글 전용에 관심을 두기 시작했으며, 그 계기는 김두봉과의 만남이었다고 한다. 나중에 김두봉이 쓴 『깁더 조선말본』을 가지고 연해주에 돌아가 한글 교육과 연구에 몰두할 정도로 계봉우와 김두봉은 밀접한 사이였다.

현재로서는 배달모듬의 성원이 누구였는지를 보여주는 자료는 없다. 주시경과 밀접한 관련을 맺었던 일부 인물들이었을 것으로 추정될 뿐이다. 김두봉이 중국 망명 이후 한동안 상해파와 밀접한 관계를 맺고 있었다는 것을 고려할 때 비밀 결사 배달모듬의 성원이었을 가능성이 크다고 생각된다. 김두봉 외에도 1910~1914년 사이 조선어강습원을 통해 형성된 한 무리의 사람들 가운데 주시경을 따라 대종교에 들어갈 정도로 주시경과 가까웠던 사람들이나 한글 운동 외에 다른 분야의 민족 운동에 적극 참여하며 '혁명적 민족주의'의 성향을 보인 사람들이 배달모듬의 성원이었을 것이다.

5

조선어연구회의 출범

주시경의 한글 운동을 이어가기 위해 권덕규, 장지영, 이병기, 신명균, 정열모, 이상춘, 김윤경 등은 1921년 12월 조선언문회의 후신으로 조선어연구회를 조직했다. 3·1운동 이후 제3대 조선 총독으로 부임한 사이토 마코토(齋藤實)가 내건 문화 정치라는 구호 아래 조선의 독립을 내건 정치 단체만 아니라면 결사의 자유가 제한적으로 허용되던 시대의 흐름 때문에 가능한 일이었다. 이로써 일제강점 아래 끊어졌던 한글 운동을 다시 벌일 수 있는 첫 단추가 마련되었다.

그런데 조선어연구회는 "조선어의 정확한 법리를 연구함을 목적으로 한다"(한글학회, 『한글학회 50년사』, 선일인쇄사, 1971, 5쪽)라는 창립 회칙에서도 알 수 있듯이 주로 회원들이 한글에 관해 연구한 결과를 토의하는 장의 역할을 하고 있었다. 회원 수도 그리 많지 않아 초기에는 12명 정도였고 대개 8~10명 정도의 사람들이 모여 발표회를 여는 것이 전부였다.

조선어연구회가 조금이나마 연구 단체로서 제 모습을 갖추기 시작한 것은 창립 6년 뒤인 1927년 2월 10일 동인지 형식으로 『한글』을 발간하면서부터였다. 그러나 그것도 다음 해 10월 이후 자금 사정으로 휴간할 정도였다. 1920년대 중반까지만 해도 언어 문제와 관련해 조선어연구회가 어떤 형태로든 실질적인 영향력을 행사했다는 기록은 보이지 않는다. 가장 중요한 문제는 창립 회칙에서도 알 수 있듯이 창립 초기부터 자신을 민족 운동의 한 부문으로 인식하지 않았다는 것이다.

1920년대 초는 일제가 제한적으로 허용한 합법 공간을 이용해 민족 운동의 기치를 내건 각종 사회단체가 조직되던 시기였다. 그런데도 조선어연구회가 다른 단체처럼 적극적으로 민족 운동 대열에 나서지 못한 데는 주시경이 없는 상황에서 주시경의 제자 가운데 가장 돋보였던 김두봉과 최현배마저 각각 중국 망명, 일본 유학 때문에 국내에 없었다는 요인이 작용했을 것이다.

김두봉은 3·1운동에 참여했다가 일제의 검거를 피해 상하이로 망명했다. 최현배는 주시경이 세상을 떠난 뒤 일본 유학에 나섰다. 히로시마(廣島) 고등사범학교를 거쳐 교토제국대학에서 공부했다.

한글 운동의 상황은 1920년대 중반부터 변화하기 시작했다. 그 직접적인 계기는 일본에서 페스탈로치 교육학과 언어학을 공부하고 귀국한 최현배의 입회(1926)와 독일에서 정치경제학을 공부한 뒤 미국을 거쳐 귀국한 이극로의 입회(1929)였다. 두 사람은 민족 운동으로서의 한글 운동론의 정립과 한글 운동의 전개에 필요한 재정 마련이라는 측면에서 조선어연구회의 혁신에서 핵심적인 역할을 했다.

먼저 조선어강습원의 1기 수석 졸업자인 최현배는 김두봉의 중국 망명

이후 적어도 국내에서는 주시경의 후계자라는 상징성을 가진 존재였다. 최현배는 일본 유학을 통해 한글 연구의 체계화를 위한 합리적이고 과학적인 훈련을 쌓은 전문적 지식인이라는 점에서도 한글 운동의 초기 세대와 새로운 세대를 이어 한글 운동의 목표를 달성하기에 가장 적합한 사람이었다.

최현배는 1926년 3월에 일본 유학을 마치고 귀국하자마자 4월 1일 자로 연희전문학교 교수가 되었다. 그리고 조선어연구회에 가입했다. 조선어연구회의 첫 교수 회원이었다. 더욱이 최현배는 1926년 9월부터 12월까지 65회에 걸쳐 『동아일보』에 연재한 「조선민족갱생의 도」라는 긴 글

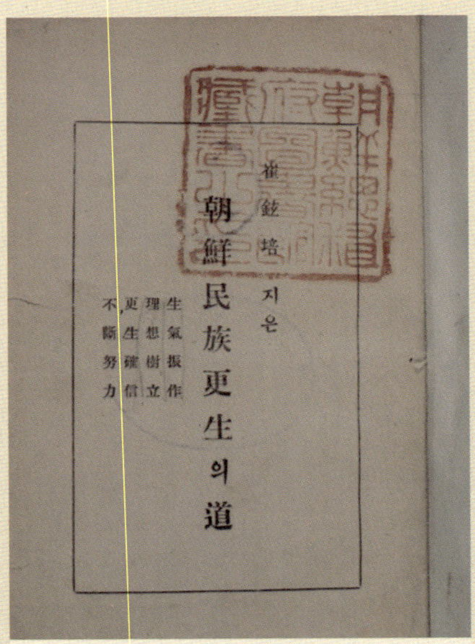

최현배, 『조선민족갱생의 도』 표지

출처: 한국학중앙연구원

을 통해 대표적인 민족 운동 이론가의 자리를 차지하고 있었다.

실제로 『동아일보』 사장 송진우에 따르면 "온 조선의 유심 인사들이 동서남북에서(「조선민족갱생의 도」에-글쓴이) 큰 충격과 감명과 찬동을 표하였다"(최현배, 「나의 걸어온 학문의 길」, 『나라사랑』 10, 1973, 168쪽)라고 한다. 이 글뿐만 아니라 비슷한 시기에 여러 신문, 잡지에 발표한 일련의 짧은 글을 통해 최현배는 민족의 언어를 지키고 가다듬는 일이야말로 민족 운동의 성격을 갖는다는 점을 분명히 했다. 1920년대 중반 이후 최현배가 신문과 잡지 등에 쓴 글의 목록은 다음과 같다.

최현배, 「한글을 어떻게 정리할까」, 『동아일보』, 1927.10.24

최현배, 「한글 문제를 어떻게 해결하여 갈 것인가」, 『조선일보』, 1927.10.24~25

최현배, 「한글 정리에 대한 제가의 의견」, 『동아일보』, 1928.11.3~5

최현배, 「조선문자사」, 『현대평론』 10, 1928

최현배, 「이독문자란 무엇이냐」, 『한빛』 2, 1928

최현배, 「한글 글씨의 이름에 대하여」, 『한빛』 6, 1928

최현배, 「한힌샘 스승님을 생각함」, 『신생』 2권 9호, 1929

최현배, 「조선 문학과 조선어」, 『한글의 바른 길』, 조선어학회(원래 1928년에 쓴 글), 1937

최현배는 민족의 기초를 이루는 것이 민족 문화이며 다시 민족 문화의 밑바탕이 되는 것이 언어라고 보았다. 그가 일제의 식민지 지배 아래 벌어지고 있는 민족 투쟁이 결국에는 언어 투쟁으로 귀결된다고 본 이유도 바로 여기에 있었다. 그가 볼 때 민족 투쟁에서 이기기 위해서는 민족의 언어를 보존하는 것이 급선무였다. 따라서 한글 운동의 궁극적 목표도 우리 민족의 언어를 말살하려는 "일제의 동화 정책에 항거하는 운동"(최현배, 「나의 저서를 말한다」, 『나라사랑』 10, 1973, 181쪽), 그리하여 궁극적으로 민족의 자주와 독립을 성취하는 데 있었다. 이러한 맥락에서 한글 운동은 민족 운동의 성격을 갖는다는 것이다.

이와 관련해 그는 민족 운동으로서의 한글 운동의 영역을 연구 발표(월례회, 회지인 『한글』이나 신문 잡지, 책)(연구 사업), 한글 맞춤법 통일, 표준말 사정, 철자 사전 편찬, 한글 대사전 편찬, 가로글씨 제정, 조선말 소리와 만국 음성 기호 로마자의 대조 안 작성 및 외국어 고유 명사 사전 편찬(이상 통일 사업), 그리고 『한글』을 통한 맞춤법 통일안 선전, 한글 강습회 개최, 신문 잡지 등 출판물의 교정 돕기, 조선 어학 도서 전람회 개최(이상 보급 운동)로 나

이극로

출처: 한국학중앙연구원

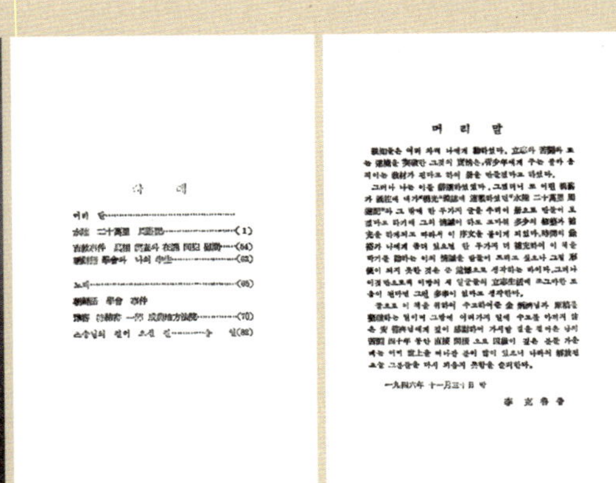

회고록 『고투사십년』의 차례와 머리말

출처: 필자

누었다. 곧 한글의 통일과 보급이라는 문제의식이 다시 한글 운동의 영역에 포함되기 시작한 것이다.

한편 이극로는 주시경에게 직접 배운 제자는 아니었다. 보성전문학교에 재학 중이던 1912년 만주의 서간도에 갈 때 우리말 정리의 필요성을 처음으로 느꼈다고 한다. 이극로의 회고에 따르면 서간도에서 고추장을 먹고 싶다고 했는데 함경도 출신의 동포가 고추장이라는 말을 몰라서 의사소통에 어려움을 겪었다는 것이다.(이극로, 「수륙이십만리 두루 돌아 방랑 이십년간 수난 반생기-조선을 떠나 다시 조선으로」, 『조광』, 1936년 3월호, 1936, 101쪽)

이후 만주 곳곳과 중국 관내의 상하이 등지를 전전할 때 역사학자 박은식과 신채호, 대종교 지도자 윤세복, 주시경의 수제자인 김두봉, 그리고 조선어강습원 중등과 출신 박건병, 상해파 고려공산당의 지도자이자 대한민국임시정부 국무총리를 지낸 이동휘 등의 독립운동가를 만나면서 민족 운동에 투신하게 되었다. 한때는 홍범도 부대에서 활동하기도 했고 1921년 신채호 등의 주도 아래 이승만의 위임통치 청원에 반대하는 성토문이 나올 때 서명자로 이름을 올리기도 했다. 이보다 더 중요한 것은 박은식, 신채호, 김두봉과의 만남을 통해 우리 역사와 우리 언어의 중요성을 절감하게 되었다는 사실이다. 특히 김두봉과의 만남은 이극로가 주시경 학파의 일원으로 한글 운동에 투신하는 결정적 계기였다. 이극로는 김두봉과의 만남을 다음과 같이 회고했다.

> 내가 상해 있을 때에 김두봉 씨와 한글을 연구하게 되었는데, 그때 김 씨의 창안인 한글 자모 분할체 활자를 만들려고 상무인서관 인쇄소에서 여러 번 함께 다니면서 교섭한 일이 있다. 그래서 나는 혹 이야기를 하였더니

… 나는 그 일을 도와서 곧 상해로 김두봉 씨에게 편지하여 그 활자를 한 벌 부쳐 왔다.(이극로, 『고투사십년』, 을유문화사, 1947, 33쪽)

이극로는 김두봉과의 만남을 함께 "한글을 연구"하고 인쇄용 한글 활자 제작을 추진하는 관계로 여기고 있었다. 그만큼 김두봉으로부터 한글 운동에 관해 큰 가르침을 받았음을 보여준다. 이는 독일 유학을 마치고 귀국하기 전인 1928년 8월 미국을 방문했을 때 동포들을 대상으로 한 '우리 말과 글'이라는 주제의 강연 발언에서도 확인된다. 발언의 요지는 다음과 같다.

… 우리는 우리 말이 있으되 일정한 국어는 없습니다. 따라서 우리는 국어 자전이 없습니다 … 불완전한 자전이나마 모두 외국 사람이 만든 것이오. 우리 손으로 한 것은 하나도 없습니다. 참말 부끄러운 일이올시다. 오늘과 같이 과학 시대에 있는 우리로서 과학적 연구로 만들어 놓은 자전이 없이 질서 없는 말 말 가지고 과학 생활을 하기가 절대 불능이라고 합니다. … 어느 나라를 물론하고 모어가 그 민족성이 됩니다. 그런 고로 모어를 잃어버린 나라는 민족성을 잃게 됩니다. 우리 민족이 종교로써 그 민족성을 유지하여 왔다고 하나 그래도 그 어머니의 말이 그 민족의 고유성을 보전하게 됩니다.(『신한민보』, 1928. 8. 3)

이극로는 1929년 1월 조선으로 돌아왔다. 이때의 심정과 각오를 나중에 다음과 같이 회고했다.

나는 10년 만에 그립던 고향 부산항에 도착하였다. 이해 4월에 조선어연구회에 입회하였다. 내가 처음 서울에 오자 조선어 교육의 현상을 조사하였다. 왜 그리하였냐 하면 나는 이 언어 문제가 곧 민족 문제의 중심이 되는 까닭에 당시 일본 통치하의 조선 민족은 이 언어의 멸망이 곧 따라올 것을 보았기 때문이다. 그리하여 어문 운동이 일어나지 아니하면 아니 되겠다는 것을 여러 동지들에게 말하였다. 이것으로써 민족의식을 넣어 주며 민족 혁명의 기초를 삼고자 함이다.(이극로, 『고투사십년』, 을유문화사, 1947, 63쪽)

비록 광복 이후의 회고이기는 하지만 이극로에게 '어문 운동' 곧 한글 운동은 민족 혁명의 한 부분이었다. 이러한 이극로의 생각은 주시경에서 시작된 주시경 학파의 생각과 다르지 않았다. 그랬기 때문에 이극로는 귀국하자마자 조선어연구회에 입회했다. 그 시기는 1929년 4월이었다.

최현배와 이극로의 입회를 계기로 한글 운동론이 체계화됨에 따라 조선어연구회는 점차 활발한 활동을 벌이게 되었다. 1926년 10월 '가갸날'(1928년부터 '한글날'로 바뀜)을 제정하고 첫 번째 기념식을 개최한 데 이어, 같은 해 12월에는 조선어 강습회를 열어 대중과의 접촉을 도모하기 시작했다.

아울러 1927년 2월에 창간된 동인지 『한글』을 통해 한글 운동의 목표가 "이천삼백만 민중의 동무"이자 "조선 문화의 원동력이 되어 조선이란 큰 집의 터전을 닦으며 주초를 놓"는 데 있다고 밝혔다. 곧 "조선 문화수의 지엽은 과학, 종교, 예술, 정치, 경제, 도덕 등 여러 가지가 있겠지만 그 근본을 위탁할 토대는 말과 글이다. 이 말과 글을 잘 갈고 닦아서 조선 문화수의 영원한 발달의 원동력이 되"(조선어연구회, 「첨내는 말」, 『한글』 1, 1927)려는 것이 한글 운동의 목표임을 천명한 것이다. 1929년 10월 조선어사전편찬회를 조직한 데 이어 1930년 12월에는 한글 맞춤법의 제정, 표준말의 사정, 외래어 표기법의 작성에 착수하기로 하여 곧 실무에 들어갔다.

여기서 조선어연구회가 설정한 세 가지 사업의 의미를 짚어볼 필요가 있다. 먼저 통일된 맞춤법의 제정은 언어를 표기하는 기본적 규범을 확립함으로써 민족의 공용어를 확정한다는 의미가 있다. 다음으로 표준말의 사정은 민족 구성원 내부에 존재하는 언어의 불일치라는 문제를 극복하는 계기를 마련한다는 의미가 있다. 마지막으로 외래어 표기법의 제정은 한 민족의 개별 언어가 다른 나라의 언어와 국제적으로 교류될 수 있는 기반을 마련한다는 의미가 있다. 이렇게 볼 때 조선어학회가 1930년 이후 추진하기로 한 사업은 모두 일제의 식민지 지배 아래 민족의 문화를 지킨다는 소극적 의미에 그치지 않았다. 그것은 광복 이후 우리 민족이 이루어야 할 근대 사회로의 이행이나 민족 국가의 성립이라는 과제를 준비하는 기초 작업이라는 적극적 의미도 지니고 있었다.

한편 이 시기 조선어연구회의 활동에서 주목할 만한 점은 그동안 소원했던 다른 민족 운동 단체와의 연계가 이루어지기 시작했다는 것이다. 예를 들어 이 무렵 김윤경과 이윤재는 수양동우회, 그리고 최현배는 흥업구락부 회원이었다. 현실적으로 큰 영향력을 지니고 있던 신문(특히 『동아일보』)과도 깊은 유대 관계를 형성하고 있었다.

『동아일보』는 1920년대 말부터 한글 운동을 소개하는 기사를 집중적으로 게재하기 시작했는데, 이는 조선어연구회와 무관한 것이 아니었다. 실제로 『동아일보』가 창간 10주년 기념 사업으로 선정한 9명의 한글 공로자 가운데 중국에 있던 김두봉, 조선어연구회에 반대하던 박승빈, 그리고 호수돈여자고등보통학교 교원 김희상을 제외하고 6명(김두봉, 이상춘, 권덕규, 이규방, 최현배, 신명균, 이윤재)이 조선어연구회 회원이었다(『동아일보』, 1930.4.1). 김희상도 주시경과 함께 배재학당을 다녔고, 나중에 한글 맞춤법 통일안 제정과 표준말 사정 작업에 참여한 것으로 보아 조선어연구회와 밀접한 관계를 유지하고 있었을 것으로 보인다.

그런데 이 무렵부터 한글의 맞춤법을 둘러싸고 주시경의 제자들과 박승빈 사이의 논쟁이 본격화되기 시작했다. 논쟁의 핵심은 쌍서(ㄲ, ㄸ 등) 사용, ㅎ 받침 사용, 한 음절 문자에 두 개의 받침 사용 등을 둘러싼 것이었다. 보기를 들어 쌍서를 인정하면 '㧡름'은 '따름'으로 되고, ㅎ 받침을 인정하면 '만흐니'는 '많으니'로 되며, 한 음절 문자에 두 개의 받침을 인정하면 '안즈며'는 '앉으며'로 된다. 조선어연구회가 쌍서, ㅎ 받침, 한 음절 문자에 두 개의 받침 사용을 모두 인정하자고 주장한 데 비해 박승빈은 이를 부정했다. 이러한 논쟁에 대해 『동아일보』는 조선어연구회의 회원들을 한글 발전의 공로자로 내세움으로써 사실상 조선어연구회가 한글 운동에서 대표성을 지니고 있음을 인정했다. 이러한 대표성은 이후 주시경 학파를 중심으로 한 한글 운동이 전개되는 데 중요한 무형의 자원이 되었다.

6

조선어사전편찬회 조직

최현배에 이어 이극로까지 입회하면서 조선어연구회의 주도 세력이 바뀌었다. 변화는 그뿐만이 아니었다. 조선어연구회의 지향과 활동 목표 자체가 크게 바뀌었다.

주시경은 일찍이 한글 운동의 실천적 과제로 문법 책의 간행, 말모이 간행, 맞춤법 규정 제정을 꼽았다. 이 가운데 주시경이 생전에 이룬 것은 첫 번째 과제 하나뿐이었다. 다른 둘은 주시경 사후 주시경 학파의 구성원들이 풀어야 할 숙제가 되고 말았다. 최현배와 이극로의 입회로 힘을 얻은 조선어연구회는 주시경이 남긴 과제 해결에 적극적으로 나서기 시작했다. 그 첫 움직임은 사전 편찬 작업에 착수한 것이다.

1929년 10월 저명한 교육자, 연구자, 출판인, 언론인, 종교인, 문학가, 자본가 등 각계 인사 100여 명이 참여한 가운데 조선어사전편찬회 발기회가 출범했다. 그 중심은 조선어연구회였지만 발기인 가운데 조선어연구회 회원은 15명 정도였다. 조선어연구회와는 별개의 조선어사전편찬회를 출범시킴으로써 일거에 한글 운동의 외연이 크게 확장된 것이다. 언론과 지식층은 물론, 일반 대중의 관심도 끌었다.

사실 사전을 펴내는 일은 주시경이 살아 있을 때부터 시작되었다. 그러나 주시경의 사망과 김두봉의 중국 망명으로 출판까지 이어지지는 못했다. 그런 가운데 조선총독부가 식민 지배 정책의 하나로 1920년에 『조선어사전』을 펴냈다(朝鮮總督府, 『朝鮮語辭典』, 朝鮮總督府, 1920). 그러나 이 사전은 한글 표제어를 일본어로 풀이한, 처음부터 끝까지 일본인을 위한 것에 지나지 않았다. 당연히 한글 운동가들은 물론이고 대다수 조선인은 이 사전을 쓸데없는 것으로 여겼다. 이런 상황에서 조선어연구회를 중심으로 사전을 펴내기 위한 작업이 시작된 것이다.

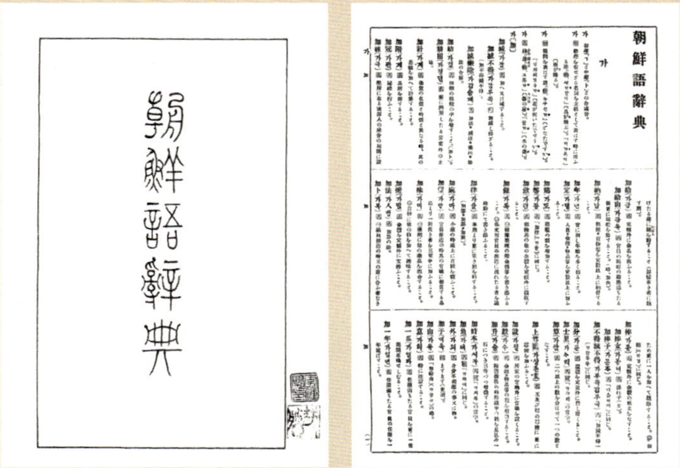

조선총독부에서 펴낸 『조선어사전』의 표지와 본문

출처: 독립기념관

우리말 사전은 곧 '민족적 권위'를 상징하는 것으로 받아들여졌다. 이제 우리말 사전의 편찬과 간행은 조선어연구회를 넘어 민족 전체의 과업, 곧 민족이 총력을 기울여야 할 과제가 되었다. 이는 다음과 같은 조선어사전편찬회 발기인 명단에서도 잘 드러난다.

강매, 권덕규, 권상로, 김기전, 김동혁, 김두봉, 김미리사(=차미리사), 김법린, 김병규, 김성수, 김여식, 김연수, 김영진, 김우현, 김윤경, 김인영, 김지환, 김창제, 김창준, 김활란, 남궁훈, 노기정, 류형기, 민대식, 민태원, 박승빈, 박연서, 박한영, 박희도, 방정환, 백관수, 백낙준, 백남규, 백남훈, 백인제, 변영로, 송진우, 신명균, 신석우, 심우섭, 안일영, 안재학, 안재홍, 안희제, 양주동, 염상섭, 유각경, 유억겸, 유진태, 윤병호, 윤치형, 윤치호, 이관용, 이광수, 이규방, 이극로, 이돈화, 이만규, 이병기, 이상춘, 이상협, 이성환, 이세정, 이순탁, 이승훈, 이시목, 이용설, 이우식, 이윤재, 이윤주, 이은상, 이익상, 이종린, 이중건, 이탁, 이필수, 이형재, 임규, 장두현, 장응진, 장지영, 장현식, 전영택, 전필순, 정대현, 정열모, 정인과, 정인보, 정칠성, 조기간, 조동식, 조만식, 주요한, 지석영, 차상찬, 채필근, 최규동, 최두선, 최린, 최상덕(=최독견), 최현배, 한기악, 허헌, 홍기문, 홍명희, 홍순필, 황상규, 현진건(『동아일보』 1929년 11월 2일 자에 실린 명단을 가나다순으로 다시 정리한 것임)

사전 편찬 발기인은 몇 부류로 나눌 수 있다. 첫 번째는 권덕규, 김두봉, 김윤경, 김지환, 신명균, 이규방, 이만규, 이병기, 이상춘, 이세정, 이윤재, 이중건, 이탁, 장지영, 정열모, 최두선, 최현배 등 조선어연구회 회원 또는 주시경 학파에 속한 인사들이다. 두 번째는 주시경의 형태주의 맞춤법과 대립했던 박승빈, 지석영, 그리고 배재고등보통학교 교원이자 1921년에 『조선어문법제요 상편』이라는 책을 펴낸 바 있는 강매 등 조선어연구회와 거리를 두고 있던 한글 전문가들이다. 이 두 부류를 합해도 그 숫자는 20여 명 남짓으로, 전체 발기인 가운데 2할에도 미치지 못했다. 발기인 가운데 대다수는 한글 운동가이거나 한글 전문가가 아니면서도 한글 운동의 핵심인 사전 편찬의 필요성을 인정했기 때문에 발기에 동참했다고 보아도 좋을 것이다. 실제로 세 번째 부류부터는 한글 운동의 뜻에 공감하고 실제 한글 운동을 지원한 인사들이다. 좀 더 자세히 살펴보자.

세 번째는 사전 편찬에 필요한 자금을 제공할 수 있는 재력가들로 경성방직 김성수 · 김연수, 한일은행 민대식, 백산무역 안희제 · 윤병호, 원동무역 이우식, 경성융흥 장두현, 동아양조 장현식 등이 여기에 해당한다. 네 번째는 한글 운동과 밀접한 관련이 있던 언론 출판계 인사들로 권상로(『불교』), 김기전 · 차상찬(이상 개벽사), 김성수 · 송진우 · 이익상 · 주요한 · 현진건(이상 『동아일보』), 남궁훈 · 백관수 · 신석우 · 안재홍 · 이관용 · 한기악(이상 『조선일보』), 노기정(한성도서), 민태원 · 안희제 · 이시목(이상 『중외일보』), 박한영(『조선불교월보』), 심우섭 · 이상협 · 최상덕(이상 『매일신보』), 이성환(『농민』), 이은상(『신생』), 홍순필(조선도서) 등이 여기에 해당한다.

다섯 번째는 한글 보급의 주요 장인 교육계 인사들로 강매(배재고등보통학교), 김미리사(근화여학교), 김여식 · 백남훈(이상 협성실업학교), 김지환(배화여자고등보통학교), 김활란(이화여자전문학교), 박한영(불교전문강원), 박희도 · 장두현(이상 중앙보육학교), 백낙준 · 안재학 · 유억겸 · 이순탁 · 정인보(이상 연희전문학교), 백남규 · 최두선(이상 중앙고등보통학교), 백인제(경성의학전문학교), 안일영 · 최규동(이상 중동학교), 양주동·채필근(이상 숭실전문학교), 이용설(세브란스의학전문학교), 이윤주(휘문고등보통학교), 이탁(오산학교), 장응진(경성여자고등보통학교), 정대현(보성고등보통학교), 조동식(동덕여자고등보통학교) 등이 여기에 해당한다. 조선어연구회 관계자 가운데 상당수도 뒤의 〈표2〉에서 알 수 있듯이 전문학교 교수이거나 초등·중등 학교 교원이었다.

여섯 번째는 역시 한글 보급의 주요 장인 종교계 인사들로 천도교의 김기전, 방정환, 이돈화, 이성환, 이종린, 조기간, 차상찬, 최린, 그리고 개신교의 김여식, 김우현, 김창제, 김창준, 류형기, 박연서, 박희도, 유각경, 윤치호, 이승훈, 전필순, 정인과, 조만식, 채필근, 그리고 불교계의 권상로, 김법린, 박한영 등이 여기에 해당한다. 일곱 번째는 한글로 글을 쓰는 것을 업으로 삼았던 문인들로 방정환, 변영로, 염상섭, 이광수, 이은상, 이익상, 전영택, 주요한, 최상덕, 홍기문, 홍명희, 현진건 등이 여기에 해당한다.

이들 발기인 가운데 상당수는 이전부터 독립운동 경력을 갖고 있었다. 김두봉(대한민국임시정부), 김미리사(3·1운동), 김법린(3·1운동, 대한민국임시정부), 김성수(3·1운동), 김우현(3·1운동), 김창준(3·1운동 민족 대표 33인), 박희도(3·1운동 민족 대표 33인, 신간회), 방정환(3·1운동), 백남훈(2·8독립선언, 대한민국임시정부), 송진우(3·1운동), 신석우(대한민국임시정부 임시의정원 의원, 신간회), 안재홍(3·1운동, 대한청년외교단, 신간회), 안희제(대동청년당, 3·1운동, 대한민국임시정부 자금 지원), 유진태(파리 장서 사건, 신간회), 윤치형(의열단), 이관용(대한민국임시정부 파리위원부, 신간회), 이광수(2·8독립선언, 대한민국임시정부), 이만규(3·1운동), 이승훈(3·1운동 민족 대표 33인), 이윤재(3·1운동), 이종린(3·1운동, 신간회), 이탁(대한독립단, 북로군정서), 임규(3·1운동), 전필순(대동단 사건), 정인과(대한민국임시정부 외무차장), 정인보(동제사), 정칠성(조선여성동우회, 근우회), 조만식(신간회), 주요한(대한민국임시정부 임시의정원 의원), 최린(3·1운동 민족 대표 33인), 한기악(2·8독립선언, 대한민국임시정부 임시의정원 의원), 허헌(항일 변호사, 신간회), 홍기문(신간회), 홍명희(3·1운동, 신간회), 황상규(의열단, 신간회) 등이 대표적 인물들이다.

일제강점기 독립운동의 꽃이라 불리는 3·1운동에 참여한 발기인만 해도 20명이 넘었으며, 대한민국임시정부를 거친 발기인도 10명이 넘었다. 실제로 조선어사전편찬회가 출범할 당시, 국내 최대의 민족 운동 단체라는 평가를 받는 신간회 간부도 10여 명에 이르렀다. 발기인 가운데는 이미 세간에 사회주의자 또는 사회주의 동조자로 알려진 김창준, 이익상, 정칠성, 허헌, 홍기문, 홍명희 등도 포함되어 있었다. 당시 대표적인 사회주의 단체이던 조선공산당이 일제로부터 몇 차례에 걸친 탄압을 받은 뒤 해소된 상황에서 합법적인 활동이 가능하던 사회주의자 가운데 일부가 사전 발간에 참여했음을 보여준다.

사전 편찬 작업은 사실상 문화 분야 민족 운동의 성격을 띠고 있었다. 민족 운동의 이념과 노선의 차이를 뛰어넘어 민족의 현실과 미래를 고민하는 많은 사람이 한글 사전 편찬의 필요성에 공감했다.

심지어는 일부 친일 성향의 인사들도 조선총독부의 『조선어사전』과는 다른, 우리 손으로 만든 사전을 펴내야 한다는 데 동의했다. 실제로 발기인 가운데 일부는 이미 친일 성향을 드러내고 있었으며, 1930년대 이후에는 친일반민족행위자로 변신하는 숫자가 더 늘어났다. 권상로, 김성수, 김연수, 김활란, 민대식, 박연서, 박희도, 백낙준, 심우섭, 유각경, 유억겸, 윤치호, 이광수, 이돈화, 이상협, 이성환, 이용설, 이종린, 장두현, 장응진, 전필순, 정대현, 정인과, 조기간, 조동식, 주요한, 채필근, 최린 등이 『친일인명사전』에 이름을 올렸다.

조선어사전편찬회 발기 총회는 1929년 한글날(10월 31일)에 열렸다. 참석자들은 사전 편찬이 민족적 사업임을 다시 확인하고, "이 민족적 사업을 기어이 이루지 않고서는 아니 될 것을 깊이 각오하고 새로운 결의로써 조선어사전편찬회를 창립하였다"라고 선언했다(조선어학회, 「머리말」, 『조선말 큰사전』 제1권, 을유문화사, 1947). 이날 발기인 108명의 이름으로 발표된 조선어사전편찬회 취지서의 내용은 다음과 같다.

> 금일 언어를 소유하고 문화를 소유한 민족으로서는 사전을 가지지 않은 민족이 없다. 그러하나 우리 조선 민족은 언어를 소유하고, 또 문화를 소유하면서도 금일까지에 아직 사전 한 권을 가지지 못하였다. 그러므로 조선의 언어는 극단으로 문란을 일으키게 된 것이요, 또 조선 민족의 문화적 생애는 금일과 같은 황폐를 이루게 된 것이다.
>
> 조선의 언어는 어음, 어의, 어법의 각 방면으로 표준이 없고 통일이 없음으로 하여 동일한 사람으로 조석(朝夕)이 상이하고 동일한 사실로도 경향이 불일(不一)할 뿐 아니라, 또는 어의의 미상한 바 있어도 이를 질정할 만한 준거가 없기 때문에 의사와 감정은 원만히 소통되고 완전히 이해될 길이 없다. 이로 말미암아 문화의 향상과 보급은 막대한 손실을 면할 수 없게 된 것이다.
>
> 금일 세계적으로 낙오된 조선 민족의 갱생할 첩로는 문화의 향상과 보급을 급무로 하지 않을 수 없는 것이요, 문화를 촉성하는 방편으로는 문화의 기초가 되는 언어의 정리와 통일을 급속히 꾀하지 않을 수 없는 것이다. 그를 실현할 최선의 방책은 사전을 편성함에 있는 것이다.(조선어학회, 「조선어사전편찬회 취지서」, 『한글』 31, 1936, 7쪽)

조선어사전편찬회의 취지는 분명했다. 민족이 갱생할 지름길은 문화의 향상과 보급이고, 문화를 촉성하는 방편은 언어의 정리와 통일인데, 그것을 실현할 최선의 방책이 사전 편찬이었다. 최종 목표는 민족 갱생이었다. 그리고 사전 편찬과 언어의 정리와 통일을 이어진 문제로 본 것도 중요한 의미가 있다.

발기 총회에서 위원으로 선출된 사람들(권덕규, 김법린, 노기정, 박승빈, 신명균, 방정환, 안재홍, 유억겸, 이광수, 이극로, 이병기, 이상춘, 이시목, 이윤재, 이중건, 장지영, 정열모, 정인보, 주요한, 최현배)은 총회 후에 곧바로 위원회를 열어 신명균, 이극로, 이윤재, 이중건, 정인보, 최현배를 상무위원으로 선출했다. 그렇지만 정인보는 곧 상무위원을 사임한 것으로 보인다. 남은 상무위원 5명 가운데 4명(신명균, 이극로, 이윤재, 최현배)이 조선어연구회 회원이었다. 그리고 이중건도 신명균과 가깝게 지내면서 『신소년』이라는 잡지를 통해 한글 보급에 앞장선 인물이었다. 따라서 상무위원이 모두 조선어연구회에 직간접적으로 연계되었음을 알 수 있다.

상무위원들은 조선어연구회와 협의해 사전 편찬을 위한 업무를 나누어 맡기로 했다. 연구회는 한글 철자법의 통일과 표준어 조사·선정에 관한 일, 조선어사전편찬회는 어휘의 수집과 풀이, 편집에 관한 일을 맡아, 두 날개로 나는 새처럼 나아가기로 한 것이다. 조선어사전편찬회 사무실도 조선어연구회 사무실이 있는 경성부 수표동 조선교육협회 회관 안에 두었다.

1931년 1월 6일에는 위원회 전체 회의를 열어 규약을 수정하고 새 규약에 따라 위원 13명을 증원하는 한편 회장으로 이우식을 추대하고, 새로 간사 제도를 도입하기로 한 뒤 이극로를 간사장으로 선임했다.

이전의 상무위원 이중건, 최현배, 신명균, 이윤재도 계속 간사를 맡게 되었다.

7

조선어학회로의 개편과 한글 보급 운동의 전개

한글 운동 전개에 필요한 기초 작업을 쌓아가던 조선어연구회는 1931년 1월 10일 조선어학회로 개편되었다. 조선어학회는 개편과 함께 이전부터 추진해 오던 활동을 더욱 체계적이고 대중적으로 전개해 나갔다. 실제로 1930년대 초에는 한글 운동의 전성기라고 해도 과언이 아닐 정도로 활발한 활동이 전개되었다. 이는 다시 한글의 대중적 보급을 위한 활동, 그리고 한글의 정리와 통일을 위한 활동으로 구분된다.

먼저 조선어학회 회원들은 1931년부터 전국 각지를 순회하면서 하기 한글 강습회를 개최하는 등 수시로 대중(주로 지방의 교원)을 상대로 한 한글 보급 운동을 전개했다. 보기를 들어 1931년 7월부터 9월까지 개최된 하기 강습회의 강사와 개최지는 다음과 같다.

권덕규: 경상남도 진주, 마산, 통영, 부산, 밀양, 경상북도 대구

이병기: 전라북도 전주, 군산, 전라남도 목포, 순천, 영암, 여수

이윤재: 평안북도 선천, 정주, 운향, 평안남도 평양, 황해도 황주

이상춘: 함경북도 청진, 회령, 함경남도 홍원 함흥, 만주 용정

이극로: 황해도 해주, 신천, 평안남도 진남포

신명균: 경상북도 대구, 경주, 김천, 경상남도 거창

김윤경: 경기도 인천, 수원, 황해도 개성, 안악

김선기: 경기도 안성, 충청남도 대전, 전라북도 이리

최현배: 함경남도 원산

이 밖에도 1933년에는 순회 강습회가 열렸으며, 1934년과 1937년에는 개성과 서울에서 각각 강습회가 열렸다. 특히 조선어학회가 한글 운동의 대중적 기반을 넓혀 나가는 데 중요한 역할을 한 것은 당시 『동아일보』와 『조선일보』에서 각각 벌이던 '브나로드 운동' 및 '문자 보급 운동', 그리고 각급 학교와 종교 단체를 중심으로 확산되던 농촌 계몽 운동이었다. 예를 들어 1931년에는 브나로드 운동을 이용해 7월부터 8월까지 신명균, 권덕규, 이상춘, 이윤재, 김윤경, 이병기, 최현배, 이극로, 김선기 등이 전국 각지에서 1,652명을 대상으로 한글 강습회를 열었다. 조선어학회는 이러한 일련의 운동에 강사를 파견하고 맞춤법 통일안을 설명함으로써 민중에게 한글 운동의 당위성을 선전하고 있었다.

이보다 규모가 큰 한글 보급 활동은 학생 계몽대를 통해 이루어졌다. 학생들은 조선어학회 회원들로부터 한글 교육을 받은 뒤 전국의 농촌에서 농민들에게 한글을 가르쳤다. 조선어학회에 따르면 학생 계몽대의 활동 실적은 〈표 1〉과 같다.

〈표 1〉 학생 계몽대의 활동 실적

		1회(1931)	2회(1932)	3회(1933)
계몽대원		423명	2,724명	1,506명
가르친 곳		142	592	315
금지된 곳		11	69	67
중지한 곳			10	17
배운 사람	남	4,832명	14,711명	14,354명
	여	3,472명	11,216명	12,998명
	남녀		15,216명	
	계	8,304명	41,143명	27,352명

출처: 김병제, 「계몽 운동에 나선 학생 제군에게」, 『한글』 14, 1934, 1쪽.

조선어학회의 한글 보급 활동에서 주목해야 할 것은 『동아일보』가 1931년부터 1934년까지 전개한 브나로드 운동과 적극적으로 결합하고 있었다는 사실이다. 『동아일보』는 1931년 여름부터 19세기 러시아 지식인들이 '브나로드(В Народ: 민중 속으로)'라는 구호 아래 벌인 계몽 운동에 착안해 같은 이름의 농촌 계몽 운동을 벌이기 시작했다. 이 운동의 주요 목표 가운데 하나가 글자를 모르는 농민 대중에게 한글을 가르치는 것이었다. 『동아일보』에 새로운 독자층의 확보는 매우 중요한 문제였다. 따라서 『동아일보』는 조선어연구회 시절부터 한글 운동을 적극적으로 지원하고 있었다. 브나로드 운동의 목표를 이루기 위해서는 한글 운동과의 결합이 한층 더 필요했을 것이다. 1931년 초에 조직의 이름을 바꾸면서 활동을 혁신하고 있던 조선어학회로서도 당시 가장 대중적인 언론 매체와의 결합을 마다할 이유가 없었다.

조선어학회는 1931년부터 브나로드 운동에 참여했다. 『동아일보』가

연 제1회 한글 강습회의 강사는 조선어학회의 권덕규, 김선기, 김윤경, 신명균, 이극로, 이병기, 이상춘, 이윤재, 최현배 등이었다. 1932년에도 같은 신문사가 연 제2회 조선어 강습회의 강사도 권덕규, 김선기, 김윤경, 신명균, 이갑, 이만규, 이병기, 이상춘, 이윤재, 이희승, 최현배 등의 조선어학회 회원이었다. 한 해를 건너뛰어 1934년에 열린 브나로드 운동 제3회 조선어 강습회에도 조선어학회의 권덕규, 신명균, 김병제, 김윤경, 신명균, 이강래, 이극로, 이만규, 이병기, 이윤재, 이희승, 최현배 등이 강사로 참여했다.

이 무렵 조선어학회가 연대하려 한 것은 『동아일보』뿐만이 아니었다. 전국의 각종 사회단체, 종교 기관, 학교 등에서 개최된 한글 강습회에 조선어학회 회원들은 먼 길을 마다하지 않고 참여해 한글을 보급하고 한글 운동의 의의를 선전했다.

전국 각지에서 열린 한글 강습회는 지역 주민들의 적극적인 참여 아래 진행되었다. 그런데 농촌 계몽을 표방한 『동아일보』의 의도와는 달리 실제 강습회에 참여한 사람들은 대부분 어느 정도의 교육을 받았으며, 한글 구사 능력도 갖춘 이들이었던 것으로 보인다.

예를 들어 1932년 함경남도 영흥에서 한글 강습을 한 이윤재에 따르면 "청강원은 칠십여 명으로 관리, 교원, 의사, 은행원 등이 다수이며, 백여 리 밖에서 온 이도 있었습니다. 모두 전문 학식 이상의 정도이므로 강의하기에 큰 편리를 얻었습니다. … 본래는 매일 네 시간씩 하기로 하였던 바, 첫날의 강의를 마치자 강습원으로부터 일자 연장의 문제가 일어나서 매우 난처하게 되었습니다. 여러 가지로 의논한 끝에 부득이 밤 시간을 이용하기로 하여, 임시 전등을 가설하고 야간에 다시 두 시간씩 더 하기로"(『동아일보』, 1932. 8. 10) 했다고 한다. 경상남도 울산에서 한글 강습을 한 김윤경은 강습회원들의 직업을 "교원 4, 학생 6, 관공리 12, 상인 9, 사원 8, 기자 4, 기타 6, 합계 49명"(『동아일보』, 1932. 9. 1)이라고 보고했다. 최현배도 충청북도 괴산의 상황에 관해 "강습은 15일부터 17일까지 매일 하오 2시부터 6시경까지 전후 약 10시간을 하였다. 회원은 남녀 근 40명인데, 그중에는 일본 사람이 섞였다. 회원 가운데 삼사십 리 밖에서 매일 통학하는 이가 셋이나 된다 하니, 가르친다는 이 사람의 마음이 범연히 할 수 없었다"(『동아일보』, 1932. 9. 1)라는 보고를 남겼다. 조선어학회의 한글 보급 활동이 한글을 모르는 사람들에게 '기역니은'부터 가르치는 수준이 아니라 일본인을 포함한 각 지역의 식자층, 한글을 이미 어느 정도 깨우쳤지만, 더 잘 쓰기를 열망하는 사람들 중심으로 전개되었음을 알 수 있다.

그러나 한글 보급을 위한 활동은 1930년대 중반 이후 큰 벽에 부딪혔다. 일제의 탄압 때문이었다. 예를 들어 일제는 1935년부터 『동아일보』의 브나로드 운동을 사실상 금지했다. 브나로드 운동뿐만 아니라 조선어학회 회원들이 참여할 수 있는 각종 한글 강습회가 급격하게 줄어들었다. 특히 1937년 중일전쟁을 전후해 일제의 한글 사용 규제가 더 강화되면서 조선어학회의 한글 보급 활동은 사실상 중단되었다.

조선어학회의 한글 운동가들은 민족 운동의 주체를 민족 전체로 보고 있었다. 과거와 같은 소수의 엘리트 중심의 시대는 저물고, 바야흐로 '민중의 시대'가 열린 이상 모든 민족 구성원, 곧 전체 민중이 깨어나야 독립을 쟁취할 수 있다는 것이 한글 운동가들의 생각이었다. 이는 결국 한글 운동을 포함한 민족 운동이 궁극적으로 민중을 지향해야 함을 뜻한다. 따라서 민족 운동으로서의 한글 운동도 궁극적으로는 모든 민족 구성원이 주체로 참여할 때 그 목적을 달성할 수 있었다. 조선어학회가 한글의 정리와 통일 작업에서 소수의 특권층이 중심이 된 언어 문화를 비판하고, 민중이 쓰기 쉬운 언어 원칙을 강조한 것도 이와 무관한 것이 아니었다.

한글의 보급에는 전제가 따랐다. 민족 구성원 모두가 한글을 쓰는 데 필요한 기초 작업으로 한글을 정리하고 통일하는 것이 바로 그것이었다. 따라서 조선어학회로의 전환 이후 한글 운동은 한글의 정리와 통일을 위한 활동을 활발하게 전개했다. 이는 다시 사전 편찬, 맞춤법 제정, 표준어 사정, 외래어 표기법 통일로 나눌 수 있다.

8

사전 편찬 사업의 본격화

사전 편찬을 위한 움직임은 이미 조선어연구회 시절부터 시작되었다. 그러나 조선어학회로의 전환을 계기로 사전 편찬 작업은 새로운 단계로 접어들었다.

먼저 조선어학회로 전환하기 직전에 1929년 출범 당시의 위원 외에 새로 위원을 선임했다. 추가로 선임된 위원은 김병규, 김상호, 김윤경, 김철두, 명도석, 백낙준, 윤병호, 이만규, 이순탁, 이우식, 이형재, 이희승, 조만식의 13명이었다. 조선어연구회의 김윤경, 이만규, 이희승이 새로 위원이 되었다든지 최현배가 재직하고 있던 연희전문학교의 백낙준, 이순탁이 새로 위원이 된 점도 주목할 만하다.

그렇지만 무엇보다 중요한 것은 발기 당시부터 사전편찬회에 참가했던 경상남도의 재력가 윤병호와 이우식, 평안남도 평양의 조만식 외에 이우식과 함께 경상남도 마산에서 원동무역을 경영했던 김철두, 명도석이 새로 위원이 되었다는 사실이다. 증선 위원 13명 가운데 5명이 경제계 인사였다. 더욱이 김철두와 명도석은 사전편찬회 발기 당시만 해도 회원이 아니었다. 이우식이 사전편찬회 입회를 추천했을 것이다. 출범 당시만 해도 사전편찬회 위원 가운데 경제계 인사는 단 한 명도 없었다. 그런데 2년 뒤에는 경제계 인사가 대거 늘어났다. 이때의 위원 증선이 사전 편찬을 위한 재원 마련이라는 목적 아래 이루어진 것임을 짐작할 수 있다.

사실 조선어연구회와 조선어학회의 사업 가운데 가장 많은 경비가 필요한 것이 바로 사전 편찬이었다. 그래서 뜻있는 조선인 재력가들이 사전편찬회를 적극 지원했다. 이 과정에서 중요한 역할을 한 인물이 바로 이극로와 그의 후원자인 이우식이었다. 1936년에는 아예 사전편찬후원회가 결성되었다. 후원 회원으로는 이우식 외에 김도연, 김양수, 김종철, 민영욱, 서민호, 설원식, 설태희, 신윤국, 윤홍섭, 이인, 임혁규, 조병식 등이 참여했다. 이들이 이극로를 통해 사전편찬회에 기부한 편찬 기금은 1만 원이었다. 조선어학회 사건의 재판 기록에 따르면 사전편찬회 이사장을 맡은 이우식이 개인적으로 기부한 기금도 1만 6,140원이었다.

이러한 기금이 있었기에 사전편찬회와 조선어학회는 일제의 감시 아래에서도 사전 편찬을 위한 일련의 작업을 끈질기게 이어갈 수 있었다. 먼저 사전 편찬이나 그 기초 작업인 맞춤법 통일 작업 등을 위해서는 공간과 인력이 필요했다.

공간을 마련하는 데 도움을 준 인물은 당시 조선의 '건축왕'으로 불리던 정세권이었다. 정세권은 1935년 여름 자신이 지은 건물을 기증했다. 이 건물이 화동에 있었기 때문에 사전편찬회와 조선어학회 사무실은 흔히 화동회관이라고 불렸다.

화동회관

출처: 한글학회

현재의 화동회관

출처: 박용규

조선어사전편찬회의 사전 편찬 모습(1941)

출처: 국가기록원

1936년부터는 이극로, 이윤재, 이중화, 정인승, 한징이 사전 편찬 전임 위원을 맡았다. 그리고 1938년에는 권승욱과 권덕규가, 1941년에는 정태진이 전임 위원에 합류했다. 연희전문학교 입학 동기인 정인승은 전라북도 고창의 고창고등보통학교, 정태진은 함흥의 영생여자고등보통학교에서 한글을 가르치던 교사 출신이었다.

전임 위원을 중심으로 한 조선어학회 회원들의 노력으로 1939년 1월 무렵에는 사전 편찬에 필요한 어휘 수집과 주해 작업이 거의 마무리되었다. 모은 어휘는 16만 마디에 이르렀다. 사전이기 때문에 전문 분야의 주해는 전문가들이 담당했다.

1938년 한 잡지 기사에 따르면 "문학은 이광수, 음악은 채동선, 미술은 고희동, 식물은 이덕봉, 외래어는 정인섭, 경제는 이순탁, 사회과학은

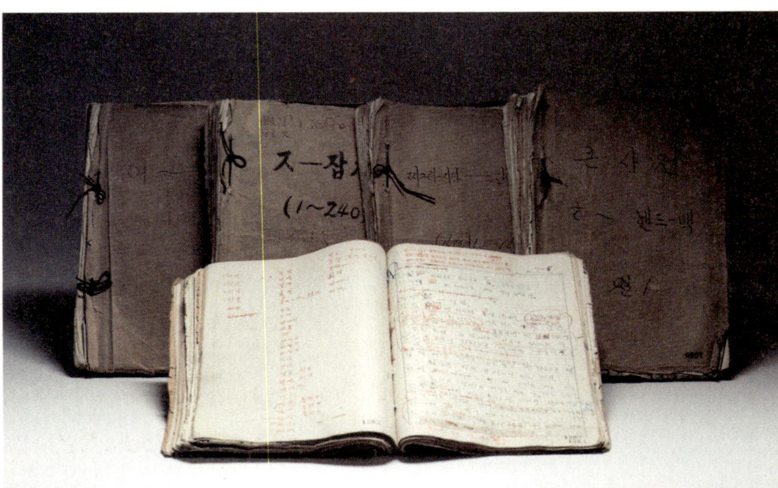

사전 원고

출처: 독립기념관

백남훈, 예술은 서항석, 의학은 이갑수, 철학 윤리는 안호상 등 여러 전문 학자들에게 맡겼"(일기자, 1938, 「우리 단체의 신년계획-한글 운동과 조선어사전, 조선어학회의 비약적 사업」, 『조광』 1938년 1월호, 47쪽)다는 것이다. 이 밖에도 이만규(물리학 · 화학), 이명칠(수학), 조헌영(한의학), 조복성(곤충학), 정문기(수산학), 이원철(천문학), 이경석(체육), 송병기(불교), 강병주(기독교), 송석하(민속어), 권상로(고전 건축 용어), 이중화(음식 용어), 김문집(현대 문학 용어), 권덕규(고어, 궁중어), 이용기(속담, 은어), 함화진(아악), 손진태(민속학) 등이 전문어 주해에 참여했다.

조선어학회가 조선총독부 도서관에 조선어대사전 출판허가원을 제출한 것은 1940년 3월 7일이었다. 1920년에 조선총독부에서 펴낸 『조선어사전』보다 거의 세 배가량 더 많은 어휘를 수집하고 주해했다는 것은 관에 대한 민의 승리이자 일본 제국주의에 대한 민족의 승리였다. 조선총독부는 같은 해 3월 12일 자로 출판을 허가했다. 물론 그냥 허가한 것은 아니었다. 온갖 꼬투리를 잡아 삭제와 정정이라는 조건을 붙였고 일단은 조선어대사전의 '가'자부 7권만 출판하도록 했다.

이에 따라 1942년 봄부터 원고 일부를 출판사에 넘겨 조판 작업에 들어가려고 했다. 그러나 1942년 10월 조선어학회 사건이 터지면서 사전 출판 작업은 중단되었다. 일제는 사전 원고는 물론이고 편찬 작업을 위해 모아놓은 관련 서적까지 모두 압수했다. 사전편찬회와 조선어학회의 사전 편찬 작업이 빛을 보게 된 것은 광복 이후였다.

9

조선어학회의 한글 맞춤법 통일안 제정과 표준말 사정

한편 조선어학회는 1930년에 시작된 맞춤법 통일 작업을 마무리해 1차 독회(1932.12~1933.1), 1차 수정 위원회(1933.2~6), 2차 독회(1933.7), 2차 수정 위원회(1933.8~10)를 거쳐 1933년 10월 '한글 마춤법 통일안'으로 발표했다. 맞춤법 통일안 제정 당시에는 마춤법이라고 쓰였으나 지금 표기대로 하면 맞춤법이다. 조선어학회의 맞춤법 통일안 제정은 사실상 조선총독부가 만든 보통학교용 언문철자법(이하 언문철자법)을 부정하는 의미를 갖는 것이었다.

조선총독부는 강점 직후인 1912년에 언문철자법을 제정한 바 있었다. 언문철자법 앞에는 보통학교용이라는 수식어가 붙었다. 조선인 보통학교 학생들에게 일본어를 가르치기 위한 수단으로 조선어 철자법을 서둘러 마련한 것이다. 그러다 보니 실제 조선인의 언어생활과 동떨어진 급조된 관제 철자법에 그치고 말았다.

사실상 조선인으로부터 외면을 받은 철자법을 보완하기 위해 1921년에는 새로 언문철자법을 만들었다. 이번에는 나중에 조선어연구회 창립 회원이 되는 중앙고등보통학교 교장 최두선, 휘문고등보통학교 교사 권덕규, 그리고 대한제국 시기에 주시경과 함께 한글 운동을 벌인 적이 있는 지석영을 제정 과정에 참여시켰다. 그러나 실제로는 주시경 이래 한글 운동가들이 주장하는 형태주의에 대해서는 결론을 내리지 않은 채 앞으로의 과제로 넘김으로써 첫 번째 언문철자법의 실패를 되풀이하는 데 그쳤다.

조선총독부는 1929년에 세 번째 언문철자법 제정에 나섰다. 이 과정에는 이미 이극로와 최현배의 입회를 계기로 이전보다 활발한 한글 운동을 벌이기 시작한 조선어연구회 회원들이 직접 관여했다. 이때의 언문철자법 조사위원은 모두 15명이었는데 그 가운데 6명(장지영, 이세정, 권덕규, 정열모, 최현배, 신명균)이 조선어연구회 회원이었다. 심의린은 이 시기에는 조선어연구회 회원이 아니었지만 1930년대 이후 조선어학회 회원으로 활동한 점을 고려하면 조선어연구회 동조자로 볼 수 있다. 결국 조선어연구회 회원 또는 동조자가 15명 가운데 거의 절반을 차지하고 있었던 셈이다.

이전 두 차례 언문철자법 제정 당시만 해도 한글 운동가들의 견해를 다양한 이론 가운데 하나로 치부했음을 고려하면, 조선어연구회의 견해를 일정 부분 반영하는 형태로 철자법을 바꾼 것은 엄청난 변화였다. 형태주의 요소를 부분적으로 받아들인 것이 대표적인 사례였다. 그러나 조선어연구회로서는 완전히 만족할 정도로 철자법 정리가 이루어진 것은 아니었다. 더욱이 조선어 철자법의 제정은 처음부터 조선어를 일본어 보급의 한 도구로 여기는 조선총독부의 정책 목표 아래 이루어진 것이었다.

한글이 독립 이후 다시 국어가 되어야 한다고 굳게 믿고 있던 조선어연구회 회원들은 조선어 철자법에서는 처음부터 고려되지 않았던 표준어와 연계해 맞춤법을 통일할 필요를 더 강하게 느꼈을 것이다. 그리하여 조선어연구회는 더 철저하게 자신들의 형태주의 언어관을 반영하는 한글 맞춤법 통일 작업에 따로 착수했다. 조선총독부의 세 번째 언문철자법은 조선어학회의 맞춤법 통일안이 조선인의 언어생활에 더 널리 퍼지는 계기를 마련했다는, 조선총독부로서는 의도하지 않은 결과를 낳았다.

1929년에는 조선어연구회 회원 일부가 언문철자법 제정에 관여한 바 있었다. 그런데도 굳이 조선어연구회와 그 후신인 조선어학회는 독자적인 맞춤법 통일안을 만들려고 했다. 이는 1930년에 발표된 언문철자법이 자신들의 주장과 상당 부분 다르다고 보았기 때문이다. 조선어연구회·조선어학회가 조선총독부의 세 번째 언문철자법에도 불만을 품고 있었다는 것은 이 철자법 제정 직후인 1930년 12월에 바로 독자적인 맞춤법 정리 작업에 착수했다는 데서도 확인된다.

그렇다면 무엇이 달랐을까? 차이의 출발점은 조선어 철자법의 정리를 '국어' 곧 일본어 교육을 위한 하나의 수단으로 본 조선총독부와는 달리 조선어연구회·조선어학회 회원들은 맞춤법을 포함한 한글의 정리가 민족의 재흥, 갱생, 그리고 궁극적으로는 식민 지배로부터의 해방으로 이어져야 한다는 믿음을 갖고 있었다는 것이다. 이러한 차이는 실제 맞춤법 통일안에도 그대로 반영되었다. 조선어학회가 한글 맞춤법 통일안을 마련하면서 밝힌 원칙은 다음의 세 가지였다.

1. 한글 마춤법(철자법)은 표준말을 그 소리대로 적되, 어법에 맞도록 함으

로써 원칙을 삼는다.

2. 표준말은 대체로 현재 중류 사회에서 쓰는 서울말로 한다.

3. 문장의 각 단어는 띄어 쓰되, 토는 그 웃말에 붙여 쓴다.(조선어학회, 「총론」, 『한글 마춤법 통일안』, 조선어학회, 1933)

먼저 첫 번째 조항인 '맞춤법은 소리대로 적되, 어법에 맞도록'이라는 부분에 주목할 필요가 있다. 언문철자법(1930)은 형태주의 요소를 부분적으로 도입하기는 했지만, 표음주의 표기를 기본으로 했다. 반면에 한글 맞춤법 통일안은 언문철자법(1930)의 규정을 일부 인정하면서도 새로 '어법에 맞도록'이라는 규정을 만들었다. 원음에 입각한 맞춤법을 제시한 것이다. '어법에 맞도록'이라는 규정은 표음주의와는 대립하는 개념으로, '원형'을 밝힌다는 의미와 문법에 맞는다는 의미를 아울러 갖는다. 보기를 들어 '없-'이 '없고, 없는'에서 '업-, 엄-'과 같은 다른 형태로 바뀌는 모습을 표기법에 반영하지 않고, 그 원형 '없-'을 분명히 한다는 것은 곧 각 형태소의 기본형을 분명히 하겠다는 것으로 해석할 수 있다.

한글의 탄생 배경에는 한자를 모르는 민중 곧 '우민(愚民)'이 있었다. 따라서 처음부터 음소 문자의 특징을 살려 '소리 나는 대로'의 표기가 가능하다는 것이 한글의 최대 강점이었다. 그러나 한글이 근대 국가의 국어로 다시 태어나기 위해서는 소박한 표음주의에 입각한 '소리 나는 대로'가 아닌 원형이나 문법을 고려한 형태주의 시각의 도입이 필요하다는 것이 주시경 이래 한글 운동가들의 생각이었다. 따라서 주시경의 계승자인 조선어학회는 조선총독부 언문철자법보다 더 철저하게 형태주의 원칙을 따르는 맞춤법 통일안 제정에 따로 나선 것이다.

두 번째 조항의 '현재 중류 사회에서 쓰는 서울말'이라는 기준은 그 자체만으로는 조선총독부 언문철자법의 '현대 경성어'에 '중류 사회'라는 기준을 덧붙여서 큰 차이가 없는 것처럼 보인다. 그러나 그 의미는 크게 달랐다. 언문철자법은 표준어를 상정하지 않았다.

1912년 언문철자법 제정 당시 표준어 대신에 굳이 '표준'이라는 용어를 쓸 때부터 철자법과 표준어를 연계시키지 않는다는 것이 조선총독부의 확고한 입장이었다. 그도 그럴 것이 식민 본국인 일본도 표준어를 정하지 못한 상황에서 기껏해야 지방어에 지나지 않는 조선어에 표준어 개념을 적용할 수는 없었다.

그러나 조선어학회 회원들의 생각은 달랐다. 맞춤법 통일이 표준말 사정으로 이어져야 한다는 것이 조선어학회의 확고한 입장이었다. 실제로 맞춤법 통일한 제정 이후 바로 표준말 사정 작업에 들어간 조선어학회는 표준말 제정의 원칙으로 처음부터 "이미 발표한 한글 마춤법 통일안에 '표준말은 대체로 현재 중류 사회에서 쓰는 서울말로 한다'라는 규정에 의거"(「표준어사정위원회 회의 경과 약기」, 『한글』 3권 1호, 1935, 209쪽)하겠다는 것을 분명히 했다.

세 번째 조항도 조선총독부 언문철자법과의 뚜렷한 차이를 보여준다. 조선총독부가 세 차례에 걸쳐 만든 언문철자법은 띄어쓰기를 언급조차 하지 않았다. 그러나 주시경 이래 한글 운동가들은 될 수 있으면 한글을 띄어 써야 한다고 굳게 믿고 있었다. 그랬기 때문에 총론의 세 항목 가운데 하나로 띄어쓰기를 꼽은 것이다.

사실 글을 쓸 때 세로쓰기를 기본으로 하는 한문이나 일본어는 띄어쓰기 개념 자체가 거의 없었다. 가로쓰기와 띄어쓰기는 바로 이어지는 것이었다. 띄어쓰기는 조선어 철자법 정리를 '국어' 교수의 도구로 여긴 조선총독부와 한글만의 고유한 성격을 살리되 국가 언어가 되는 데 필요한 만큼의 법칙성을 만들려는 한글 운동가들의 차이를 바로 드러내는 것이었다.

한글 운동가들이 독자적인 맞춤법 제정에 본격적으로 나선 것은 조선어연구회 시절이던 1930년 12월부터였다. 조선어연구회는 임시 총회에서 12명(권덕규, 김윤경, 박현식, 신명균, 이극로, 이병기, 이윤재, 이희승, 장지영, 정열모, 정인섭, 최현배)의 조선어 철자 통일 위원을 선임했다. 조선어철자통일위원회는 곧바로 작업에 착수해 1931년 7월에 '초고'(61개 항)를 탈고했다. 이어서 초고를 고치고 깁고 더해 1932년 12월에 '원안'(초안: 91개 항)으로 마무리했다.

이에 따라 1931년 12월 27일 임시 총회에서 위원회 전체 회의(독회)를 열어 '원안'의 내용을 토의하기로 결의하고, 위원으로 6명(김선기, 이갑, 이만규, 이상춘, 이세정, 이탁)을 추가로 선임했다. 이로써 철자 통일 위원은 모두 18명이 되었는데, 당시 능력 있는 한글 학자를 망라한 셈이었다. 이후 전체 회의를 열고, 또 단계마다 (소)위원회를 두어 토의하고 집약하고 절충하는 과정을 반복했다. 그 과정을 요약하면 다음과 같다.

1930년 12월 13일~1931년 7월 9일 32회 101시간 조선어철자통일위원회 초고 탈고(61개 항)

1931년 7월 10일~1932년 12월 37회 110시간 조선어철자통일위원회 원안(초안) 작성(91개 항)

1932년 12월 27일~1933년 1월 4일 17회 59시간 조선어철자통일위원회 전체 회의(제1독회) 원안(초안) 토의

1932년 2월 16일~1932년 5월 9일 6회 22시간 수정 소위원회(정원 3명) 제1독회 결과 정리 및 수정

1932년 3월 1일~1932년 6월 6일 12회 45시간 수정위원회(정원 10명) 수정안 마련(70개 항)

1932년 7월 26일~1932년 8월 3일 18회 54시간 조선어철자통일위원회 전체 회의(제2독회) 수정안 토의

1932년 8월 23일~1932년 10월 6일 8회 33시간 40분 정리위원회(정원 9명) 제2독회 결과를 '45개 항, 부록 10개 항'으로 정리

1932년 10월 7일~1932년 10월 11일 4회 14시간 30분 정리소위원회(정원 3명) '총론 3개, 각론 65개, 부록 9개 항'으로 다시 정리

1932년 10월 17일 1회 3시간 30분 정리위원회(정원 9명) 최종안을 확정

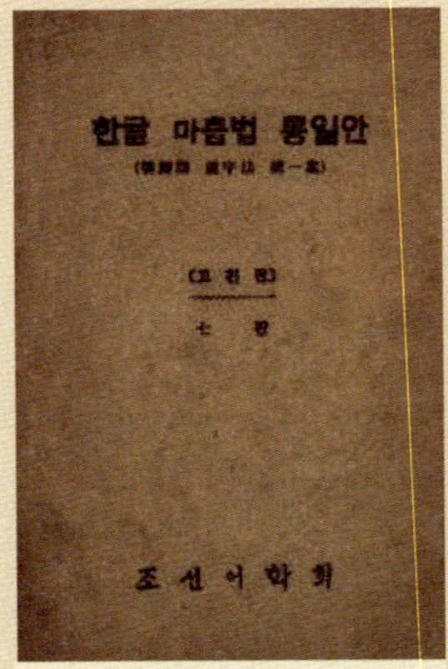

『한글 마춤법 통일안』(조선어학회)
출처: 한국학중앙연구원

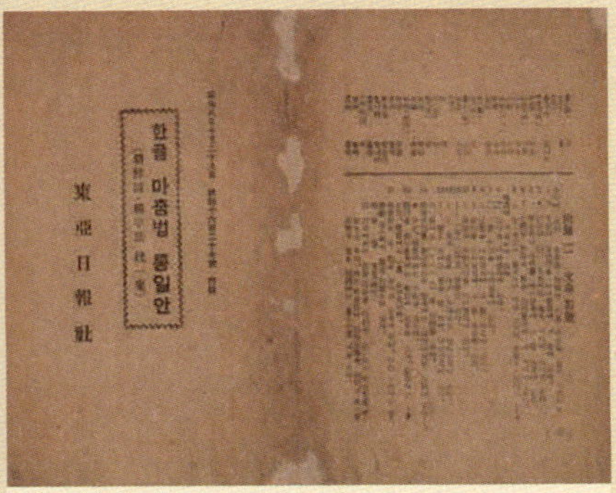

『한글 마춤법 통일안』(동아일보사)
출처: 국립한글박물관

조선어학회가 맞춤법을 만들기 위해 연 회의는 모두 135회였다. 각 회의에서 결론을 내리기 위해 들인 시간을 모두 합하면 442시간 40분이었다. 일제의 감시 아래에서도 맞춤법을 만드는 데 어느 정도의 노력을 기울였는지를 충분히 짐작할 수 있다.

개성에서 9일 동안 열린 제1독회에 든 숙박비, 회의비, 왕복 차비 등 모든 경비는 개성 유지 공진항이 전담했다. 제2독회는 김성수, 송진우, 그리고 이름을 밝히지 않은 한 사람의 도움으로 열렸다. 두 차례 독회에 쓰인 인쇄물은 한성도서주식회사에서 제공했다.

조선어학회는 맞춤법 통일안 제정에 이어 1934년 8월 조선어표준어사정위원회를 구성해 표준말 사정 작업에 착수해 제1독회(1935.1), 제2독회(1935.8), 제3독회(1936.7)를 거쳐 1936년 10월 '사정한 조선어 표준말 모음'을 발표했다. 표준어 사정 위원은 지역 안배까지 고려해 교육계, 언론계, 종교계의 각계각층 인사를 망라한다는 원칙에 따라 인선 작업을 벌였다. 그 결과 제1독회 이후 사정 위원으로 선임된 사람들은 다음과 같다(한글학회, 『한글학회 50년사』, 1971, 200~201쪽).

강원도 이만규(배화여자고등보통학교), 이태준(조선중앙일보사), 차상찬(개벽사)

경상도 김극배(이화여자고등보통학교), 김병제(배재고등보통학교), 이극로(조선어사전편찬회), 이윤재(한글사), 정인섭 · 최현배(이상 연희전문학교), 조용훈(평양 정진여자고등보통학교), 조헌영(동양의약사)

전라도 김두현(불교전문학교), 김양수, 김형기(경신학교), 옥선진(보성전문학교), 이병기(휘문고등보통학교), 장현식, 정노식

충청도 김창제(이화여자고등보통학교), 김태원(기독교서회), 이강래(송도고등보통학교), 정

열모(김천고등보통학교)

평안도 박현식(중동학교), 방종현(경성제국대학 대학원), 백낙준(연희전문학교), 류형기(감리회총회원 교육국), 조기간(천도교청년당)

함경도 김동환(삼천리사), 서항석(동아일보사), 이기윤(외국어 학원), 이헌구(체신국)

황해도 신윤국, 양주동(숭실전문학교), 함대훈(조선일보사), 홍에스더(조선일보사)

경기도 공진항(고려시보사), 권덕규(중동학교), 김윤경(배화여자고등보통학교), 김활란 · 이희승(이상 이화여자전문학교), 김희상(호수돈여자고등보통학교), 안재홍, 이갑(동아일보사), 이종린(천도교), 이탁(오산고등보통학교), 이호성(수송공립보통학교), 전필순(기독신보사)

경성 구자옥(중앙기독교청년회), 문세영(저술), 박윤진(불교전문학교), 방신영(이화여자전문학교), 백상규 · 유진오 · 최두선(이상 보성전문학교), 신명균(중앙인서관), 신인식(천주교), 안석주(조선일보사), 염상섭(매일신보사), 윤복영 · 이유응(이상 협성학교), 윤일선(세브란스 병원), 이관구(조선중앙일보), 이명칠(저술), 이세정(진명여자고등보통학교), 이숙종(경성여자상업학교), 이운용(연희전문학교), 이원철(연희전문학교), 장지영(양정고등보통학교), 조용만(세브란스의학전문학교), 한징

이 가운데 김양수, 김윤경, 김희상, 문세영, 신윤국, 윤복영, 이극로, 이기윤, 이만규, 이숙종, 이윤재, 이희승, 조기간, 최현배, 한징은 제2독회의 수정 위원과 제3독회의 사정 위원으로 계속 참여한 사실이 확인된다. 또 김윤경, 윤복영, 이극로, 이만규, 이윤재, 이희승, 최현배, 한징은 조선어학회 회원이었다. 따라서 표준어 사정도 조선어학회의 주도 아래 한글 운동을 지지하는 각계각층 지식인들이 적극적으로 참여한 가운데 이루어졌음을 알 수 있다.

조선어표준어사정위원회 제1독회 기념사진(1935)

출처: 독립기념관

조선어표준어사정위원회 제2독회 기념사진(1935)

출처: 독립기념관

조선어표준어사정위원회 제3독회 기념사진(1936)

출처: 신광순(신윤국의 아들)

맞춤법과 표준어를 정한 뒤 조선어학회는 1934년 6월 10년에 걸친 작업 끝에 '외래어 표기법 통일안'을 확정했다. 이로써 한글의 정리, 통일, 체계화라는 역사적 과제가 일단락되었다. 조선어학회는 이를 기초로 해 어려운 과정을 거치면서도 '큰 사전' 편찬 작업을 추진해 원고를 거의 완성했으나 1942년 10월에 일어난 '조선어학회 탄압 사건'으로 마무리하지 못했다.

10

조선어학회와 함께 한글을 지킨 사람들

1920년대 조선어연구회의 한글 운동이 주로 회원들을 중심으로 전개된 데 비해 1930년대 이후 조선어학회의 한글 운동에는 회원은 물론 비회원도 폭넓게 참여하고 있었다. 물론 엄밀하게 말해 비회원은 조선어학회의 구성원이 아니었다. 그렇지만 한글 운동이 대중적으로 널리 퍼지는 데 중요한 역할을 한 후원 세력이었다는 점에서 한글 운동의 성격을 이해하는 데는 중요한 실마리를 제공한다. 따라서 여기서는 비회원도 조선어학회의 한글 운동 참여자로 포함해 조선어학회의 사회적 구성을 살펴보고자 한다.

조선어연구회 창립 당시의 회원은 임경재(휘문고등보통학교 교장), 최두선, 권덕규, 이병기, 이규방, 신명균, 김윤경, 이원규(조선사편찬위원회), 이상춘 등 약 15명이었다. 여기에 조선어학회로 개편될 때까지 최현배, 정열모, 이호성, 이윤재, 이극로, 심의린 등 10여 명이 새로 입회했다. 그러나 1931년 조선

김윤경

출처: 국가보훈부

이만규

출처: 국가보훈부

이병기

출처: 대종교 총본사

이중화

출처: 한국학중앙연구원

장지영

출처: 독립기념관

정태진

출처: 독립기념관

어학회가 출범할 때 회원은 15명 정도에 불과했다. 10여 년 동안에 상당수의 회원이 중도에 탈락했음을 알 수 있다. 이후 1942년 조선어학회 사건이 일어날 때까지 회원 수는 20명에서 40명 사이를 넘지 않았다.

이러한 양상은 조선어학회의 전신인 조선언문회가 한글 교육을 이수한 사람은 모두 회원으로 받아들여, 특별 회원을 포함해 120여 명의 회원을 포괄하고 있었던 것과는 대조적이다. 이는 한편으로는 일제의 가혹한 탄압 아래 한글 운동이 겪고 있던 어려움을 반영하는 동시에, 다른 한편으로는 조선어학회가 대중 단체가 아니라 한글에 대한 전문적 식견과 열정을 지닌 사람에게만 회원 자격을 부여해 소수 정예주의에 입각한 전문가 조직을 지향했음을 의미한다.

물론 회원 가운데에는 이름만 올려두고 실제 활동이 보이지 않는 경우도 있었다. 그러나 핵심 회원들은 한글의 연구, 통일, 보급에서 1인 3역의 역할을 열정적으로 수행했다. 그렇다면 이들 소수의 전문가는 어떤 특성을 지니고 있었을까? 아래 〈표 2〉를 통해 몇 가지 사실을 확인할 수 있다.

첫째, 대부분이 정규의 중등 · 고등 교육을 받은 지식인이었다. 특히 조선어연구회 창립 이후 새로 가입한 회원 가운데 상당수가 일본(김윤경, 박현식, 방종현, 정열모, 정인섭, 최현배), 중국(이극로, 이윤재), 미국(백낙준, 정태진), 영국(김선기), 프랑스(김선기), 독일(이극로) 등 외국에서의 유학 경험이 있거나 국내 대학(연희전문학교의 정인승, 경성제국대학의 이희승)을 졸업한 당대 최고의 지식인들이었다. 특히 이들이 대학에서 언어학을 포함한 인문 · 사회과학의 체계적인 훈련을 쌓았다는 사실은 주목할 만한다.

이들 새로운 한글 전문가의 등장이야말로 1930년대 이후 한글 운동이 활발하게 전개되는 데 중요한 배경이 되었다. 실제로 1930년대에 조선어

〈표 2〉 조선어연구회 · 조선어학회의 주요 회원

이름	학력	주요 경력 및 활동
권덕규	휘문의숙	휘문고등보통학교 · 중앙고등보통학교 교사, 조선일보사 편집국장 대리
김극배		이화여자고등보통학교 교사, 한글 서예가
김기홍		계성보통학교 교사
김병제	연희전문학교(?), 도쿄제국대학(?)	배재고등보통학교 교사
김선기	연희전문학교, 파리대학, 런던대학	동명의숙 교사, 조선어사전편찬회
김윤경	연희전문학교, 일본 릿쿄(立教)대학	창신학교 교사, 배화여자고등보통학교 교사, 수양동우회
김해윤	중앙불교전문학교	조선불교청년총동맹, 중앙불교전문학교 교원, 『경북불교』 편집인
맹주천	경성고등보통학교 사범과	독도공립보통학교 교사, 경기공립상업학교 교사
박현식	관립한성외국어학교, 일본 니쇼가쿠샤(二松學舍) 고등사범부	재동보통학교 교사, 중동학교 교사, 한영학원 설립
방종현	경성제국대학, 도쿄제국대학	
백낙준	프린스턴 대학, 예일대학	연희전문학교 교수, 진단학회 창립 발기인
신명균	관립한성사범학교	동덕여자고등보통학교 교사, 중앙인서관 경영, 민립 대학 설립 운동, 전조선청년당대회
심의린	관립한성고등학교 사범부	경성사범부속보통학교 교사, 경성여자사범학교 교유
윤복영	조선어강습원, 상동교회 부설 청년학원	협성학교 교사
이갑(李鉀)		『동아일보』 정리부원
이강래	관립공업견습소, 일본 사범학교	송도고등보통학교 교사, 배화여자고등보통학교 교사, 만주와 노령에서 독립운동
이규방	주시경의 제자	보성고등보통학교 교사

이극로	상하이 동제대학, 베를린대학	1회 세계 약소민족 대회 참가, 조선어사전편찬회
이만규	경성의학전문학교	의사 출신, 송도고등보통학교 교사, 배화여자고등보통학교 교사, 계몽 운동과 3·1운동에 참여, 흥업구락부
이병기	관립한성사범학교	동광학교 교사, 휘문고등보통학교 교사
이상춘	한영서원	송도고등보통학교 교사
이세정	경성고등보통학교 부설 교원양성소, 와세다대학	경기도교원양성소 강사, 경기공립상업학교 교사, 진명여자고등보통학교 교장
이승규	한학, 성균관 수학	『동아일보』 창간 기자, 휘문고등보통학교 교사
이윤재	베이징대학	숭덕학교·오산학교 교사, 연희전문학교 강사, 『한빛』 간행, 수양동우회
이제혁	한성사범학교	경성여자공립보통학교 교사
이중화	홍화학교	배재학당·배재고등보통학교 교사, 경성여자미술학교 교장
이탁	경신학교	대한독립단, 북로군정서, 오산학교 교사
이호성		수송공립보통학교 교사, 경기도 시학
이희승	경성제국대학	이화여자전문학교 교수
임경재	관립외국어학교	휘문고등보통학교 교장
장지영	관립외국어학교	오산학교 교사, 중앙고등보통학교 교사, 『조선일보』 편집인과 문화부장, 물산장려운동, 3·1운동, 신간회
정열모	와세다대학	김천고등보통학교 교장
정인섭	와세다대학	연희전문학교 교수
정인승	연희전문학교	고창고등보통학교 교사, 사전 편찬 전임 위원
정태진	연희전문학교, 컬럼비아대학	함흥 영생여자고등보통학교 교사
최두선	와세다대학	중앙고등보통학교 교장, 동아일보사 사장
최현배	히로시마고등사범학교, 교토제국대학	연희전문학교 교수, 흥업구락부
한징	한학 수학	『시대일보』, 『중외일보』, 『조선중앙일보』 기자

비고: 이 표에 나와 있는 회원 외에도 김영건, 김재희, 김형기, 박학규, 송병기, 윤구섭, 장성균, 조용훈, 허영호 등의 이름이 확인된다.

출처: 함흥지방법원, 「조선어학회사건 예심종결결정문」, 『겨레어문학』 42, 1972; 高等法院刑事部, 「昭和20年 刑上 第29號」, 1945(조선어학회 사건 최종 판결문); 한글학회 엮음, 『얼음장 밑에서도 물은 흘러』, 한글학회, 1993 등의 여러 자료

학회에서 활동한 임원 가운데 신명균, 이만규, 장지영을 제외한 이극로, 최현배, 김윤경, 이희승, 이윤재, 방종현, 정인승이 모두 대학에서 공부한 한글 운동가였다. 이러한 세대교체를 통해 한글 운동은 새로운 단계로 나아갈 수 있었다.

예를 들어 1930년 12월에 선정된 한글 맞춤법 통일 위원 12명 중에는 외국 유학의 경험을 가진 최현배, 김윤경, 이극로, 이윤재, 정열모, 정인섭과 경성제국대학 출신의 이희승이 포함되어 있었다. 이어 맞춤법 통일안의 확정을 앞두고 1933년 7월에 선정된 정리 위원 9명 가운데도 최현배, 김선기, 김윤경, 이극로, 이윤재, 이희승, 정인섭 등 한글 운동의 새로운 경향을 대표하던 한글 운동가들이 다수를 차지하고 있었다.

맞춤법 통일이라는 역사적 과제를 담당한 핵심적인 한글 운동가 중 상당수는 대학에서 언어 연구에 관한 과학적 훈련을 받은 전문 지식인이었다. 이들은 근대 교육을 통해 과학적 훈련을 쌓은 새로운 세대의 지식인이었다. 따라서 세계사적 맥락 속에서 우리 민족의 문화적 전통을 자리매김하면서 민족의 독립을 도모하고 있었다. 이들 중 상당수가 언어학을 공부하면서도 사회과학에 깊은 관심을 보인 것은 단순히 겨레의 얼과 문화를 강조하는 것만으로는 독립을 이룰수 없다는 자각에 따른 것이었다.

예를 들어 최현배가 사회학과 교육학, 김윤경이 역사학과 사회학, 이윤재가 역사학, 이극로가 정치경제학, 정태진이 교육학을 각각 공부했다. 이들은 다른 언어와의 비교를 통해 한글의 우수성을 확인하고 언어학 이론에 근거해 방만한 한글 사용을 체계화함으로써 한글의 발전, 나아가 민족 문화의 발전에 이바지하려고 한 것이다.

둘째, 회원의 직업은 대개 초·중등학교 교원(권덕규, 김극배, 김기홍, 김윤경,

박현식, 신명균, 심의린, 윤복영, 이강래, 이만규, 이병기, 이상춘, 이세정, 이승규, 이윤재, 이제혁, 이중화, 이탁, 이호성, 장지영, 정열모, 정인승, 정태진)이거나 전문학교 교수(김해윤, 이희승, 정인섭, 최현배)였다. 그리고 다시 이 가운데 대다수는 서울 소재 사립 학교에 재직했으며, 지방 사립 학교 교원은 이상춘, 정열모, 정인승, 정태진 정도에 불과했다.

이는 결국 조선어학회가 서울의 사립 학교 교원, 교수 중심으로 이루어진 조직이었으며, 따라서 지방 회원의 참여가 사실상 거의 없었음을 의미한다. 조선어학회가 1920년대 말부터 1930년대 중반까지 방학을 이용해 전국 각지를 순회하며 주로 지방 교원들을 대상으로 강습회를 개최한 것도 이러한 한계를 극복하기 위한 노력이었다고 할 수 있다.

셋째, 관·공립 학교나 관변 단체에 재직 중이거나 강제 병합 이후 관립 학교 출신인 회원은 소수에 불과했다. 전자에 해당하는 회원은 맹주천(경기공립상업학교), 심의린(경성사범부속보통학교, 경성사범학교), 이세정(경기공립상업학교), 이제혁(경성여자공립보통학교), 이호성(수송공립보통학교→경기도 시학) 정도였으며, 후자에 해당하는 회원은 경성제국대학 출신의 이희승과 방종현 정도였다.

특히 후자와 관련해 당시 경성제국대학 출신의 조선 어문학 전공자가 1회의 조윤제, 2회의 이희승을 비롯해 20여 명에 달했음에도 불구하고 이들 가운데 단 2명만이 조선어학회에 가입했으며 다른 사람들은 어떠한 형태로든 조선어학회의 활동에 관여하지 않았다는 사실에 주목할 필요가 있다. 이는 식민 지배 기구와 조선어학회의 관계를 상징적으로 보여준다.

넷째, 조선어학회 회원들 중에는 계몽 운동과 3·1운동을 거쳐 1930년대에 이르기까지 다양한 형태로 민족 운동에 참여한 경우가 많았다. 그

보기로 김윤경(수양동우회), 신명균(민립대학 설립 운동과 전조선청년당대회), 이강래(만주와 노령에서의 독립운동, 흥업구락부), 이극로(1923년 제1회 세계 약소민족 대회, 조선물산장려회), 이만규(계몽 운동, 3·1운동, 조선청년회연합회, 흥업구락부), 이윤재(수양동우회), 이탁(북로군정서의 청산리 전투 참전), 장지영(물산장려운동, 3·1운동, 신간회) 등을 들 수 있다.

특히 최현배, 김윤경, 이윤재 등이 모두 1920년대 초반부터 중반 사이에 교육을 통한 사회 개조에 깊은 관심을 기울였다는 데 주목할 필요가 있다. 최현배가 흥업구락부에, 그리고 김윤경과 이윤재가 수양동우회에 가입한 것도 1920년대 중반이었다. 따라서 조선어학회의 회원들이 계몽 운동 이후 민족 운동의 큰 흐름 속에서 한글 운동을 전개하고 있었음을 알 수 있다.

한편 비회원으로서 한글 운동에 참여한 사람들은 조선어학회의 활동을 재정적으로 뒷받침한 경우와 조선어학회가 체계화한 한글의 정리 및 통일 방침이 대중적으로 널리 퍼지는 데 이바지한 경우로 나눌 수 있다. 먼저 전자의 경우에 속하는 사람들의 대표적인 보기는 다음과 같다.

공진항: 1931년 12월부터 다음 해 1월까지 개성에서 열린 맞춤법 통일안 제1차 독회의 경비를 전액 부담하고, 1940년 최현배가 『한글갈』이라는 저서를 낼 때 출판 경비를 부담하는 등 한글 운동을 재정적으로 지원했다.

김도연: 1936년부터 1940년까지 조선어학회에 700원을 지원했다.

김성수: 1935년 8월 조선어표준어사정위원회의 제2독회에 300원을 기증하는 등 조선어학회의 모임이 있을 때마다 재정적인 후원자 역할을 했다. 이에 대해 이희승은 다음과 같이 회고했다. "인촌 선생은 조선어학

회와 직접적인 관계는 맺고 계시지 않았지만, 기회 있는 대로 음으로 양으로 원조를 아끼지 않으셨다. … 지금 기억에 남는 것으로 표준어사정위원회를 우이동 봉황각에서 열었을 때 인촌 선생은 당시로서는 상당히 거액이었던 300원을 쾌척하셨고, 철자법 위원회는 제1회 개성, 제2회는 인천, 제3회는 서울 화계사에서 열었을 때도 그때마다 적지 않은 액수의 돈을 내주셨던 것으로 안다."(동아일보사 편집부 편, 『인촌 김성수-인촌 김성수의 사상과 일화』, 동아일보사, 1985, 215쪽)

김양수: 1935년 무렵 조선어학회의 재정 책임을 맡아 김도연, 장현식, 서민호 등과 함께 활동 자금을 지원했으며, 1936년부터 1940년까지 본인이 낸 700원을 비롯해 7,100원을 모아 사전 편찬 자금으로 제공했다.

이우식: 1929년 조선어사전편찬회의 조직을 주도했으며, 1931년부터는 그 간사장이 되었다. 1930년대 중반까지 『한글』 편집 비용을 비롯해 조선어학회의 운영비 대부분을 지원했다.

이인: 1934년과 1935년 두 해에만 1,400원을 조선어학회에 제공했으며, 1937년 3월에는 조선어학회의 외곽 기관인 조선기념도서출판관을 조직하고 그 첫 사업으로 모친의 수연(壽宴)을 기념해 김윤경의 『조선문자급어학사』 출판을 지원했다.

장현식: 김양수의 권유로 1936년 4월부터 1939년 말까지 조선어학회에 3,000원을 지원하는 한편, 친족과 지인 등으로부터도 1,400원을 모아 조선어학회에 제공했다.

정세권: 1935년 조선어학회에 건물을 기증했다.

기타: 인쇄소를 경영하던 이중건, 노성석 등은 『한글』의 출판을 지원했으며, 이 밖에도 전국 각지의 독지가들이 『한글』을 발간하는 데 필요한 경

비를 후원했다. 그리고 노성석 등은 외래어 표기법 통일안 출판과 사전 출판을 지원하기도 했다.

〈표 3〉에서 확인할 수 있듯이 이들은 대부분 지주나 자본가 출신이며 그중 상당수는 외국 유학의 경험을 가진 지식인이기도 했다. 또한 1910년대 말부터는 어떤 형태로든 민족 운동에 참여한 경험도 갖고 있었다. 따라서 이들이 조선어학회를 재정적으로 후원한 것은 한글 운동 자체를 민족 운동으로 인식했기 때문임을 알 수 있다.

1920년대 말 이후의 정세 변화 속에서 점차 위축되기 시작한 공개적인 민족 운동은 1930년대 중반이 되면 그 자취조차 찾아보기 어려울 지경이 되었다. 이러한 상황에서 민족 운동을 완전히 포기하지 않은 사람들이 선택할 수 있는 길은 그다지 많지 않았다. 1930년대 중반 이후 조선어학회에 대한 재정적 지원이 끊이지 않은 이유도 바로 여기에 있었을 것이다.

한편 조선어학회 외곽에서 한글 운동의 대중적 확산을 도운 후자는 다시 조선어사전편찬회에 참여하거나 한글 맞춤법 통일안을 지지한 경우와 개인적으로 사전편찬회와 표준어 사정 작업에 참여한 경우로 나눌 수 있다. 이를 좀 더 자세히 살펴보기로 하자.

첫째, 1929년 10월에 출범한 조선어사전편찬회의 발기인에는 조선어연구회의 회원 외에도 김미리사, 방정환, 송진우, 신석우, 안재홍, 이광수, 이승훈, 정인보, 조만식 등 각계각층의 80여 명이 참여했다. 이 편찬회의 결성이야말로 한글 운동이 공식적으로 다른 민족 운동 세력과 연계를 맺는 첫걸음이었다.

둘째, 조선어학회의 한글 맞춤법이 발표된 후 이를 둘러싸고 조선어학

〈표 3〉 조선어학회 한글 운동의 재정적 후원자

이름	학력	경력 및 활동
공진항	프랑스 유학(사회학 박사)	자산가
김도연	게이오대학, 컬럼비아대학	연희전문학교 교수, 조선흥업주식회사 경영, 2·8독립선언 참여
김성수	와세다대학	대지주, 『동아일보』 사주, 중앙고등보통학교와 보성전문학교 교주
김양수	와세다대학, 컬럼비아대학	『동아일보』 주주 및 논설 반장, 『삼일신보』
김종철	미국 유학	재산가, 조선흥업주식회사
서민호	와세다대학, 컬럼비아대학	대지주, 도쿄에서 6·10만세운동 참여
설태희		대한제국 말 군수, 조선물산장려회 이사
신윤국	미국 유학	조선흥업주식회사
안재홍	와세다대학	자산가
윤병호	보성전문학교, 와세다대학	대지주, 대동청년당, 대한민국임시정부
이우식	도요(東洋)대학	대지주, 자본가(『시대일보』, 『중외일보』, 경남은행, 원동무역회사), 대한민국임시정부 후원
이인	니혼대학, 메이지대학	변호사
장현식	한문 수학	지주 출신, 『동아일보』 감사역
정세권		건축업자, 조선물산장려회, 신간회

출처: 함흥지방법원, 「조선어학회사건 예심종결결정문」, 『겨레어문학』 42, 1972; 한글학회 엮음, 『얼음장 밑에서도 물은 흘러』, 한글학회, 1993 등의 여러 자료

회와 조선어학연구회 사이의 대립이 치열해지는 가운데 주요 종교 단체, 언론 기관, 교육 기관이 조선어학회를 지지하고 나섰다. 기록에 나와 있는 것만 보더라도 최린(천도교 대도정), 이종린(천도교 현기관장), 양주삼(감리교 총리사), 함태영(장로교 목사), 원형근(천주교 주교), 한용운, 송진우(『동아일보』), 방응모(『조

이우식

출처: 독립기념관

이인

출처: 이정

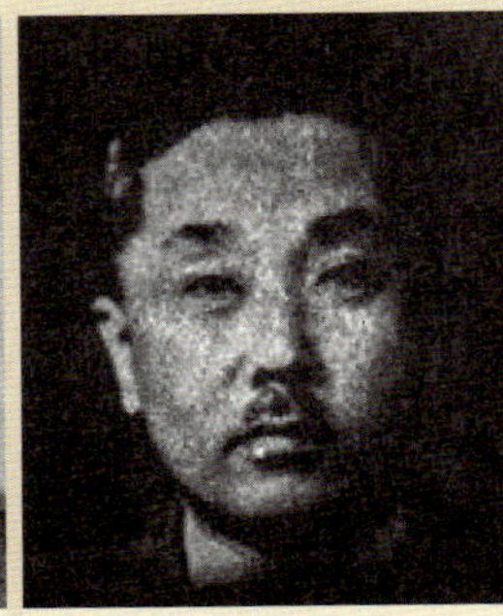

장현식

출처: 독립기념관

정세권

출처: 박용규

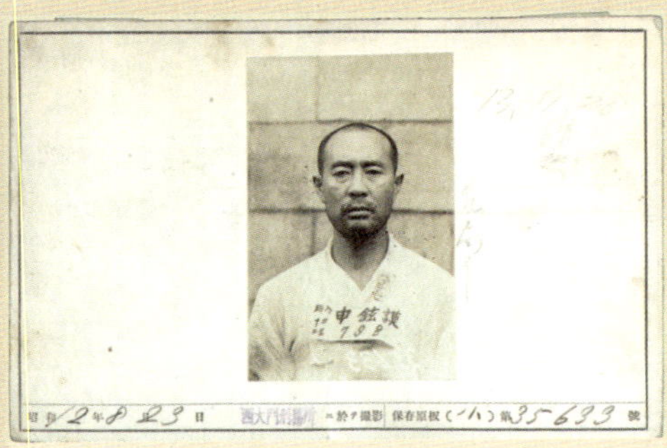

신윤국(신현모)

출처: 독립기념관

선일보』), 여운형(『조선중앙일보』), 유억겸(연희전문학교 부교장), 김성수(보성전문학교 교장), 김활란(이화여자전문학교 부교장), 우호익(숭실전문학교 문과 과장), 오긍선(세브란스의학전문학교 교장), 김종만(감리교신학교 학감), 독고선(경성보육학교 교장), 차사백(중앙보육학교 교장), 현상윤(중앙고등보통학교 교장), 조동식(동덕여자고등보통학교 교장), 김경홍(보성고등보통학교 교장), 안종원(양정고등보통학교 교장), 이윤주(휘문고등보통학교 교장), 최규동(중동학교 교장), 김준옥(송도고등보통학교 교장), 김관식(함흥 영생여자고등보통학교 교장), 이경렬(배재고등보통학교 교무주임), 이시웅(경신학교 교무주임), 윤성순(정신여학교 교무주임), 김지환

(배화여자고등보통학교), 이덕상(이화여자고등보통학교 교무주임), 전필순(『기독신보』 사장), 주요섭(『신동아』 주간), 이은상(『신가정』 주간), 이인(『신흥조선』 주필), 이정호(『별건곤』 주간), 박완(『천도교월보』 주간), 김병순(『농민주보』 주간) 등이 조선어학회를 지지하는 글을 『한글』에 기고했다. 이들은 모두 당시 종교·교육·언론계를 대표하던 인물이었다.

이들이 조선어학회를 지지한 주된 이유는 전문성에 있었다. 보기를 들어 조동식은 "어법의 체계를 세워 완전한 표준을 정하는 것은 아무라도 저마다 못하는 것이니, 이것은 일체 전문 학자에게 맡기고, 대중은 전문 학자들이 정한 바 안을 절대로 신뢰하여 그대로 실행할 것"(『한글』 2권 2호, 1934, 3쪽)을 주장했다.

실제로 앞에서 거론된 대부분 사람이 맞춤법 통일안에 따라 민중에게 우리 말글을 가르쳐야 한다는 점을 강조하고 있었다. 이들의 공개적인 지지야말로 조선어학회의 맞춤법 통일안이 정당성을 획득하는 데 중요한 밑받침이 되었다. 이 밖에 각지에서 단체의 이름을 빌려 또는 개인적으로 맞춤법 통일안을 지지하는 성명이 발표되기도 했다.

이들의 지지는 형식적인 것이 아니었다. 이는 한글 맞춤법 통일안이 공표되었을 때 축하회에 참석해 축사하거나(송진우, 주요한, 조동식, 여운형), 한글 통일 위원을 위로하기 위한 모임(1933.11.8)을 발기했다는 데서도 확인된다. 발기 위원에는 김병로, 김활란, 류형기(『신생』 주간), 박희도, 방응모, 송진우, 신흥우, 양주삼, 여운형, 윤치호, 유억겸, 이종린, 이상협(『매일신보』 사장), 조동식, 조병옥, 차상찬(『개벽』 주간), 최두선, 최규동, 최린, 한용운, 현상윤 등이 포함되어 있었다.

실제로 각 언론 기관은 맞춤법 통일안을 가장 먼저 실행에 옮기는 한편 사설 등을 통해 한글 운동의 당위성을 주장함으로써, 종교 기관은 각종 종교 경전과 산하 기관지에 한글 맞춤법 통일안을 적용함으로써 한글 운동이 대중화되는 데 큰 도움을 주었다. 예를 들어 『동아일보』와 『조선일보』는 맞춤법 통일안이 발표되자마자 당일 자 신문 부록으로 통일안 전문을 인쇄 배포했으며, 『신동아』, 『신가정』, 『조광』, 『사해공론』, 『기독신보』, 『고려시보』, 『신인문학』, 『학증』, 『가톨릭청년』, 『성서조선』, 『농민생활』, 『신학세계』, 『종교시보』, 『삼천리』, 『조선문단』, 『시원』, 『예술』, 『영화시대』, 『비판』, 『아이생활』, 『별나라』, 『아동세계』, 『우리집』, 『철학』, 『극예술』 등의 잡지가 맞춤법 통일안을 실행에 옮기고 있었다.

셋째, 맞춤법 통일안을 둘러싼 논쟁에서 "가장 위력을 발휘했고 일부 반대자들에게 커다란 방파제가 된 것"은 1934년 7월 9일에 발표된 문인들의 "한글 철자법 시비에 대한 성명서"였다. 성명서의 주요 내용은 다음과 같다.

> 1. 우리 문예가 일동은 조선어학회의 '한글 통일안'을 준용하기로 함.
> 2. 한글 통일안을 저해하는 타파의 반대 운동을 일절 배격함.
> 3. 이에 따라 조선어학회의 통일안이 완벽을 이루기까지 진일보의 연구 발표가 있기를 촉함. (『한글』 2권 6호, 1934, 14쪽)

이 성명에 참여한 문인은 강경애, 김광섭, 김기림, 김기진, 김동인, 김동환, 김억, 모윤숙, 박영희, 박종화, 박태원, 박화성, 백철, 서항석, 송영, 심훈, 양주동, 엄흥섭, 염상섭, 오상순, 윤기정, 윤석중, 이광수, 이기영, 이무영, 이북명, 이상화, 이은상, 이태준, 임화, 전영택, 정지용, 주요섭, 차상찬,

채만식, 최정희, 함대훈, 현진건, 홍효민 등 78명이었다. 여기서 두 가지가 눈길을 끈다.

하나는 1929년 조선어사전편찬회 출범 당시에는 양주동, 이광수, 이은상, 전영택, 현진건 등 10여 명이 참여했는데 조선어학회의 맞춤법 통일안 지지에는 그 숫자가 7배가량 늘어났다는 것이다. 이는 조선어학회의 한글 운동을 지지하는 문단의 흐름이 이전보다 훨씬 강해졌음을 의미한다. 다른 하나는 사회주의 계열의 문인으로 알려진 김기진, 박영희, 송영, 엄흥섭, 윤기정, 이기영, 임화 등도 지지 성명에 참여했다는 것이다. 이는 이념적 지향성의 대립을 떠나서 맞춤법 통일안이 민족적 지지를 얻고 있었음을 보여준다.

넷째, 맞춤법 통일안을 만드는 작업이 철저하게 조선어학회 회원 중심으로 이루어진 데 비해 1935년부터 1936년까지 세 차례에 걸쳐 열린 표준말 사정 작업에는 상당수의 비회원이 참여했다. 그들의 면면을 보면 공진항(프랑스 유학), 구자옥(YMCA), 김동환(『삼천리』), 김두현 · 박윤진(이상 불교전문학교), 김양수 · 서항석(이상 『동아일보』), 김창제(이화여자고등보통학교), 김태원(기독교서회), 김활란 · 방신영(이상 이화여자전문학교), 김희상(호수돈여자고등보통학교), 류형기(감리교), 문세영(저술업), 백상규 · 옥선진 · 유진오 · 최두선(이상 보성전문학교), 신윤국(미국 유학), 신인식(천주교), 안석주 · 안재홍 · 함대훈 · 홍애시덕(이상 『조선일보』), 양주동(숭실전문학교), 염상섭(『매일신보』), 윤일선(세브란스병원), 이관구 · 이태준(이상 『조선중앙일보』), 이기윤(외국어 학원), 이명칠(저술), 이숙종(경성여자상업학교), 이운용 · 이원철(이상 연희전문학교), 이유응(협성학교), 이종린 · 차상찬(이상 천도교), 이헌구(체신국), 장현식(일본 유학생), 전필순(기독교), 정노식, 조기간(천도교청년당), 조용만(세브란스의학전문학교), 조용훈(평양 정진여자고등보통학교), 조헌영(동양의약사) 등이었다. 당시 우리 사회를 대표하는 각계각층 지식인이던 이들이야말로 조선어학회의 외곽에서 한글 운동을 지원하던 확실한 후원 세력이었다.

11

조선어학회 사건의 발단

일제는 1936년 10월 28일 훈민정음 반포 490돌 기념축하회에서 안창호의 축사를 빌미로 조선어학회의 대외활동을 금지했다. 1937년에는 수양동우회 사건, 1938년에는 흥업구락부 사건을 일으켰다. 두 단체의 회원 가운데는 조선어학회 회원도 여럿이었다.

수양동우회 사건으로 김윤경과 이윤재가 1심에서 징역 4년형, 이윤재는 징역 2년형을 선고받았다. 1941년 11월에 열린 2심 재판에서 무죄 판결로 풀려나기는 했지만 4년 이상 옥고를 치렀다. 최현배, 이만규, 이강래는 흥업구락부 사건에 연루되어 일제로부터 탄압을 받았다. 기소유예 처분을 받기는 했지만, 연희전문학교 교수 최현배, 배화여자고등보통학교 교원 이만규와 이강래가 사직의 형태로 학교를 떠나야 했다. 더욱이 흥업구락부원 일동 명의의 사상전향 성명서에까지 이름을 올렸다.

두 사건의 여파로 조선어학회는 존립 자체가 불투명해졌다. 일제의 감시와 탄압이 가중되는 상황에서 조선어학회는 자신의 사명을 완수하기 위해 조선어대사전 출판 허가를 받는 등 합법적인 틀 안에서 활동하려고 애썼다. 심지어 일제의 황민화 정책에 호응해 국민정신총동원연맹(나중의 국민총력조선연맹)에 가입하기까지 했다. 훗날 시인 조지훈은 조선어학회가 국민총력조선연맹에 가입한 것을 "민족 전체의 일을 위하여 몸소 치욕을 무릅쓴 업적이 있을 때는 변절자로 욕하지 않는다. … 일제 말기 말살되는 국어의 명맥을 붙들고 살렸을 뿐 아니라 국내에서 민족 광복의 날을 위한 유일의 준비가 되었던 「맞춤법 통일안」, 「표준말 모음」, 「큰사전」을 편찬한 조선어학회가 국민총력연맹 조선어학회 지부의 간판을 붙인 것을 욕하는 사람은 없었다. 아무런 하는 일도 없었다면, 그 간판은 족히 변절의 비난을 받고도 남음이 있었을 것이다"(조지훈, 「지조론」, 『새벽』, 1960년 3월호)라고 평가했다.

조선어학회 사건이 일어나기 전까지만 해도 그나마 합법 단체로서 명맥을 유지한 조선어학회는 총동원 체제 아래 유일하게 남아 있던 일종의 해방구였다. 민족 언어의 보존과 정리라는 큰 목적을 위해 조선어학회 회원들은 조선총독부와의 불편한 동거를 감내하고 있었다. 그러나 합법과 비합법의 두 줄 사이의 위태로운 줄타기는 언제든 추락의 위기를 맞을 수밖에 없었다. 실제로 일제는 1942년 조선어학회 사건을 일으켜, 조선인에게 남아 있던 마지막 해방구까지 해체하려고 했다.

일제가 갑자기 조선어학회를 탄압하고 나선 이유와 관련해서는 세 가지 설이 있다. 첫째, 일제가 정태진에게 고문을 가해 조선어학회가 '민족주의자의 단체로서 독립운동을 비밀리에 획책'했다는 등의 허위 자백서를 쓰게 해서 사건을 조작했다는 것이다. 둘째, 일제가 조선어학회 사무실을 수색했을 때 '중국에 있는 대종교 본부로부터 단군 성가의 가사를 의뢰한 편지'를 발견하면서 조선어학회를 탄압하게 됐다는 것이다. 셋째, 일제가 조선어학회 회원이자 대종교 신도인 이극로가 대종교 교주인 윤세복에게 1942년 9월 5일 자로 보낸 '널리 펴는 말'이라는 편지를 입수하면서 대종교와 조선어학회를 함께 탄압하게 됐다는 것이다. 그런데 두 번째 설과 세 번째 설은 조선어학회 사무실을 수색할 때 대종교 관련 자료를 찾아냈다는 것이므로 조선어학회 사건의 발단과는 무관해 보인다.

조선어학회 사건의 실체는 아직 분명히 밝혀지지 않았다. 비록 일제 경찰이 만들어 낸 사건이기는 하지만 경찰이 파악한 실제로 관계를 보여주는, 그래서 사건의 전모를 이해하는 데 가장 중요한 1심 재판 판결문이 남아 있지 않기 때문이다. 그런 가운데서도 함흥지방법원의 예심 종결 결정서와 2심인 고등법원 판결문, 그리고 관계자의 사후 회고와 증언을 통해 사건의 전반적인 흐름을 파악하는 것은 가능하다. 조선어학회 사건의 전개 과정을 일지로 정리하면 다음과 같다.

1942년 8월 함경남도 홍원경찰서 사건 단서 포착

1942년 9월 5일 정태진 연행

1942년 10월 1일 조선어학회 회원과 관계자 11명(이극로, 이중화, 장지영, 한징, 이윤재, 김윤경, 최현배, 이희승, 정인승, 권승욱, 이석린) 검거

1942년 10월 4일 조선어학회 관계자 이은상 검거

1942년 10월 18일~22일 조선어학회 회원과 관계자 8명(이우식, 이병기, 이만규, 이강래, 김선기, 정열모, 이병기, 김법린) 검거

1942년 11월 10일 조선어학회 관계자 이인 검거

1942년 12월 23일~28일 조선어학회 회원과 관계자 7명(서승효, 안재홍, 김양수, 장현식, 정인섭, 윤병호, 김도연) 검거

1943년 1월 말 경찰 조서 작성 시작

1943년 2월 함경남도 경찰부와 홍원경찰서 협의

1943년 3월 6일~31일 조선어학회 관계자 3명(서민호, 신윤국, 김종철) 검거

1943년 3월 15일 경찰 조서 작성 완료

1943년 3월 15일 안재홍 경찰의 불기소 결정으로 석방

1943년 3월 말 권덕규와 안호상 기소중지 처분

1943년 4월 1일 경찰 김종철, 신윤국 기소유예

1943년 4월 경찰 권승욱 등 4명 기소유예, 김도연 등 24명 기소 의견 검사국 송치

1943년 9월 7일 아오야나기 고로(青柳伍郎) 검사 조사 시작

1943년 9월 12일 이틀에 걸쳐 관련자 함흥 이감

1943년 9월 18일 김윤경 등 12명 기소유예 석방, 이극로 등 16명 예심 회부

1943년 12월 8일 이윤재 옥사(면소)

1944년 2월 22일 한징 옥사(면소)

1944년 9월 30일 14명 예심 종결. 장지영, 정열모 면소, 이극로 등 12명 공판 회부

1944년 12월 21일~1945년 1월 16일 함흥지방법원 제1심 공판 9회, 검사 4~8년의 징역형 구형

1945년 1월 16일 제1심 선고 공판. 11명 유죄 선고(5명 실형, 6명 집행유예), 장현식 무죄

1945년 1월 18일 정태진 외 실형 선고자 4명 상고

1945년 1월 21일 검사 상고(장현식 포함)

1945년 1월 말 고등법원 판사가 상고 취하 권유

1945년 5월 상고 접수 통고

1945년 8월 13일 고등법원 상고 기각 판결

1945년 8월 15일 광복

1945년 8월 17일 조선어학회 사건 수감자 4명 함흥형무소에서 석방

1945년 8월 18일 이극로, 최현배 등 함흥에서 출발해 서울에 도착

조선어학회 사건의 발단이 된 것은 함흥 영생고등여학교 학생 박영희의 일기장에서 발견된 "오늘 국어를 썼다가 선생님한테 꾸지람을 들었다"라는 문구였다. 1942년 3월 함경남도 홍원의 전진역에서 불심검문에 걸린 박병엽의 가택수사에서 박영희의 일기장을 입수한 홍원경찰서는 같은 해 8월, '국어'(일본어)를 상용해야 하는 학교에서 '국어'를 쓴 학생을 야단친 불온한 교사에 대한 수사에 착수했다. 신문 과정에서 박영희는 해당 문구에 대해 '조선어라고 쓸 것을 국어라고 잘못 적었다'라고 진술했다. 따라서 총독부 시책에 대한 저항이나 반발로 간주할 수 없는 것이었다. 그러나 홍원경찰서는 포기하지 않고 '조선어를 국어로 생각하게끔' 민족정신을 불어넣은 불온 교사의 검거에 나섰다. 그리고 불온 교사로 지목된 것이 조선어학회 회원 정태진이었다.

그런데 여기서 주의할 것이 있다. 조선어학회 사건의 발단이라고 할 수 있는 정태진의 체포에 이르는 과정이 자료마다 다르게 전해진다. 1심 판결문이 남아 있지 않은 상황에서 이용이 가능한 공적 기록은 함흥지방법원의 예심 종결 결정서와 2심인 고등법원 판결문뿐이다. 그런데 두 기록

에는 정태진의 체포 과정이 빠져 있다. 그러다 보니 조선어학회 사건 관련자(김윤경, 정인승, 이희승, 권승욱 등)의 후일 증언에 크게 의존할 수밖에 없는데, 증언이 사람마다 달라 혼란을 일으킨다.

먼저 김윤경은 광복 직후인 1946년에 다음과 같이 회고했다.

> 1942년 여름(팔월)에 함경남도 홍원경찰서 고등계 형사가 두둑한 편지 한 장을 뜯어보았다 한다. 이는 홍원에 본가가 있는 함흥 영생고등여학교 학생의 편지였다. 그 내용이 연애관계의 말뿐이라면 문제없었겠지마는 소위 불온한 것이었는지라 그 여학생 집을 뒤지고 잡아다가 가두는 동시에 그의 동지를 불게 하여 4, 5명의 여학생을 잡아들이고 … 여학생들은 정태진 · 김학준 두 선생에게 감화를 받았노라고 불었다. 정태진 선생이란 이는 … 그 여학생들의 증인으로 동년 9월 5일에 홍원경찰서로 불리어 가게 되었던 것이다. 그리하여 조선어학회 사건을 만들게 된 것이다.(김윤경, 1946, 「조선어학회 수난기」, 『한글』 11권 1호, 54쪽)

여학생의 이름은 나오지 않지만 학생들 사이의 편지 검열이 조선어학회 사건의 발단이었다는 것이다.

그런데 김윤경의 증언이 나온 지 13년이 지난 1959년 이희승은 『사상계』에 연재한 「조선어학회사건회-사건의 발단」에서 다른 내용의 증언을 남겼다. 이희승에 따르면 1942년 여름 홍원경찰서의 일본인 형사가 전진 정거장에서 거동이 수상한 백병엽(=박병엽)을 검거한 뒤 그의 집을 수색하던 중 영생고등여학교 학생인 조카 백영옥(=박영옥)의 일기에서 '국어를 사용하는 자를 처벌하였다'라는 구절을 발견하고는 이를 상부에 보고한 뒤

배후 인물로 정태진을 검거한 것이 조선어학회 사건의 발단이라고 한다. 김윤경과 마찬가지로 이희승도 정태진이 체포될 때만 해도 제3자였기 때문에 사건의 초기 전개 양상을 잘 알지 못했을 것이다. 다만 이희승이 사건 당사자들을 만나서 들은 이야기를 바탕으로 증언을 남겼기 때문에 이 증언은 상대적으로 사실에 더 가까운 것으로 보인다.

그래서 이후 조선어학회 사건의 발단에 관한 여러 글에서 이희승이 제기한 '일기장 발단설'을 따른 것도 사실이다. 그렇다고 이희승의 증언을 곧이곧대로 완전한 사실이라고 받아들일 수는 없다. 왜냐하면 이희승이 처음에는 사건 당사자의 신분을 감추기 위해 박씨를 백씨로 바꿨다고는 하지만 나중에 본명을 밝힌 다른 글에서도 영생고등여학교 학생을 박영옥으로 적었기 때문이다. 실제 사건 당사자의 이름은 박영옥이 아니라 박영희였다.

한편 정인승은 1972년 김윤경이나 이희승과는 다른 증언을 남겼다. 정인승은 이렇게 설명했다.

> 1942년 여름, 홍원에서는 함흥에 통학하는 학생들이 많았다. … 홍원에서의 통학 학생들은 전진역까지 기차 속에서 잡담과 밀담을 즐겼다. 그 당시 통학차에는 사찰계 형사가 몰래 요시찰 인물을 조사하러 타고 다니곤 했다. 어느 날 통학생들은 저희들끼리 무엇인가 그리며 옆에 사람도 들을 수 없을 정도로 작은 소리로 소곤거리고 있었다. 그들이 몰래 그린 그림은 곧 태극기로 '우리나라의 국기'라고 소곤댔다. 또한 무궁화, 독립 등의 말도 오갔다. 이들의 귓속말과 비밀로 그리는 태극기 그림을 눈치챈 홍원경찰서 고등계는 불량학생 검거에 손을 댔다. … 제일 먼저 붙잡힌 것이 일본

명치대학을 졸업한 청년 박병엽이었다. … 경찰은 박병엽의 방을 뒤지다가 그의 조카 박영옥이 쓴 일기책 몇 권을 발견했다. 박영옥은 그때 함흥영생고녀 4학년에 재학중이었다. … 박영옥이 2학년 때 쓴 일기에서 '국어를 상용하는 자를 처벌했다'는 문구를 발견, 이것을 트집잡기 시작했다. 그때 국어란 일본어로, 일본어를 사용한 자를 벌주었다는 문구가 되므로 … 이 때문에 박영옥이 구속되고 그의 영생고녀 동급생 이성희, 이순자, 채순남, 정인자 등이 경찰에 불려가 1주일 이상이나 고문 등으로 시달린 끝에 정태진과 김학준 두 선생이 민족주의사상을 학생들에게 불어넣었다는 사실을 자백하고 말았다.(정인승, 「남기고 싶은 이야기-조선어학회 사건(24)」, 『중앙일보』, 1972. 12. 19)

정인승은 기차 안의 이동 경찰이 학생들의 '불온'한 대화를 엿듣고 여학생의 일기를 찾아낸 것이 조선어학회 사건의 발단이자 정태진 체포의 계기라고 보았다.

세 사람의 증언에서 일치하는 것은 함흥의 한 중등 여학교 학생에게서 시작되었다는 사실뿐이다. 그런데 그 여학생의 이름조차 실제와는 다르다. 그러면 조선어학회 사건 발단의 진실은 무엇일까?

홍원에서의 첫 사건은 박병엽과 박영희에서 시작되어 정태진을 거쳐 조선어학회 사건으로 확대되었다. 조선어학회 사건 발단은 박영희의 일기장이었지만 정태진의 연행은 박영희와 함께 신문을 받은 친구들의 진술을 통해서였다. 신문 과정에서 홍원경찰서는 우발적인 사건을 치안유지법 위반 사건으로 확대해 나갔다.

홍원경찰서의 첫 체포 대상은 박영희와 같은 학교에 다니던 여학생들이었다. 박영희 외에도 6명의 여학생(이성희, 이순자, 최순남, 정인자, 지혜숙, 김정옥)이

차례로 경찰의 신문을 받았다. 여학생들로부터 자신들이 원하는 대답을 끌어낸 경찰은 수사를 교사로 확대했다.

경찰의 소환 조사를 받은 교사는 최복녀, 김학준, 정태진이었다. 최복녀는 일기장에 검인 도장을 찍은 박영희의 담임 교사였다. 영생여학교(나중에 영생여자고등보통학교로 바뀜)를 졸업하고 도쿄수예(手藝)학교를 거쳐 모교 교사가 되었다. 문제의 일기장을 검사한 담임 교사로서 가장 먼저 소환이 되었을 것이다. 그런데 조선어학회 관련 자료에서는 최복녀의 이름이 등장하지 않는다. 경찰이 최복녀로부터 이렇다 할 '불온' 사항을 찾아내지 못했기 때문이다.

김학준은 함경남도 덕원 출신으로 일본 호세이(法政)대학 예과와 센슈(專修)대학 경제과에서 공부했다. 귀국 후 고향 근처의 영생여자고등보통학교에서 교편을 잡은 뒤 수업 시간에 일본이 전쟁에서 질 것이고 그러면 우리는 새날을 맞이할 것이라는 취지의 이야기를 했다고 한다. 경찰로서는 학생들의 진술로 김학준의 '불온'한 발언을 확보하는 성과를 거두었으나, 이렇다 할 조직 활동 경력이 없는 김학준으로는 사상 사건을 만들어 내기 힘들었을 것이다.

그래서 경찰이 마지막으로 주목한 사람은 정태진이었다. 정태진은 연희전문학교를 졸업했다. 재학 시절 그는 선배 김윤경과 동기 정인승의 영향을 받아 한글에 관심을 두게 되었다. 1925년 연희전문학교를 졸업한 뒤 곧바로 함흥의 영생여학교 교사가 되었다. 그리고 미국 유학(1927~1931)을 마친 뒤 다시 영생여자고등보통학교 교사로 돌아와 1940년 5월까지 재직했다. 처음에는 영어 교사로 채용되었지만 실제로는 주로 역사와 조선어를 가르쳤다.

정태진이 학교를 그만둔 이유와 관련해서는 두 가지 다른 기록이 있다. 하나는 당시 고창고등보통학교 교사에서 쫓겨나 큰 사전 편찬 일에 몰두하던 정인승의 권유로 교사를 그만두고 사전 편찬원이 되었다는 기록이다. 다른 하나는 1938년 일제가 제3차 조선교육령을 만들면서 조선어 과목을 사실상 폐지하자, 더 이상 학생들에게 우리 역사와 말글을 가르치는 것이 힘들어진 데다가 늘 감시의 대상이 되었기 때문에 학교를 그만둘 수밖에 없었다는 기록이다. 어느 쪽이든 정태진은 1940년 5월에 이미 영생고등여학교를 떠났으며, 1941년 4월부터는 조선어학회 사무원으로 사전 편찬 활동에 전념하고 있었다. 그런 그가 학교를 떠난 지 2년도 더 지난 1942년 5월에 홍원경찰서에 소환된 것은 이미 신문을 받은 학생들 입에서 정태진의 이름이 나왔기 때문이었다.

12

조선어학회 사건의 사법 처리 과정

1942년 9월 홍원경찰서는 정태진에게 소환장을 보냈다. 정태진은 자신이 참고인이라고 생각했지만 실제로는 피의자로 소환된 것이었다. 정태진을 통해 사상 사건을 만들겠다는 것이 처음부터 경찰의 의도였다.

정태진은 홍원경찰서에서 모진 고문을 받았다. 그 결과 두 가지를 '자백'했다. 하나는 수업 시간에 학생들에게 민족의식을 고취했다는 것이었고, 다른 하나는 조선어학회가 조선의 독립을 꿈꾼 민족 운동 단체라는 것이었다. 정태진의 자백 아닌 자백을 근거로 조선어학회 사건은 일사천리로 진행되었다.

1942년 10월 1일 조선어학회 상근 직원 이극로, 정인승, 이석린, 권승욱, 조선어사전 편찬 전임 위원 이중화, 한징, 이윤재, 조선어학회 임원 장지영, 김윤경, 최현배, 이희승이 가장 먼저 체포되었다. 같은 달 4일에는 관계자 이은상이 전라남도 광양에서, 18일에는 재정 후원자 이우식이 경상남도 의령에서, 19일에는 관계자 김법린이 경상남도 동래에서, 20일에는 회원 정열모가 경상북도 김천에서, 21일에는 회원 이만규, 이강래, 김선기가 서울에서, 22일에는 회원 이병기가 서울에서 체포되었다. 사건이 서울뿐만 아니라 전국적으로 확대된 것이다.

검거 열풍은 이후에도 계속되었다. 11월 10일에는 변호사 이인이 서울에서, 12월 23일에는 회원 정인섭과 관계자 서승효, 안재홍, 김양수, 장현식이 서울에서, 12월 28일에는 관계자 김도연이 서울에서 체포되었다.

1943년 2월경에 함경남도 경찰부와 홍원경찰서는 합동회의를 개최했다. 처음에는 치안유지법을 적용할 수 있을지 자신이 없었다. 그러나 이 무렵 요시찰 인물 중에서 위험 분자는 검거하고 사건을 엄중하게 조치하라는 조선총독부의 명령이 내려왔다. 사실 이미 검거할 만한 사람은 모두 검거가 된 상태였다. 따라서 조선총독부의 '엄중 조치' 명령은 홍원에서 일어난 우발적인 사건을 치안유지법 위반의 사상 사건으로 만들라는 최종 승인과 마찬가지였다. 이때부터 조선어학회 사건은 사상 사건이 되었다.

1943년 3월 6일에는 관계자 서민호가, 3월 31일에는 관계자 신윤국, 김종철이 모두 서울에서 체포되었다. 일제 경찰의 체포 대상에 올랐지만, 검거를 피한 것은 지병을 앓고 있던 권덕규, 안호상 두 사람뿐이었다. 여기에 더해 김두봉의 동생인 김두백과 조선어학회의 한글 정리 활동을 도운 백낙준, 곽상훈, 방종현, 정세권, 민영옥, 임혁규 등도 구인되어 곤욕을 치렀다.

1942년 9월 정태진의 진술로 10월부터 시작된 검거가 다음 해 3월까지 이어지면서 31명이 홍원경찰서에 구금되었다. 검거를 피한 권덕규, 안호상까지 합하면 모두 32명이 일제 경찰의 체포 대상이었다. 여기에 미리 구금된 정태진까지 합하면 33명이 된다. 그래서 1919년 3·1운동 당시의 민족 대표 33인에 빗대어 이들을 조선어학회 사건의 '33인'이라고 부르기도 한다.

홍원경찰서로 끌려간 조선어학회 사건 피의자들을 기다린 것은 모진 고문이었다. 일제강점기 내내 경찰은 피의자를 수사할 때 고문으로 허위 사실의 자백을 강요하고는 했다. 조선어학회 사건도 예외는 아니었다. 게다가 홍원경찰서는 사상 사건 가운데서도 가장 중죄인 치안유지법 위반으로 조선어학회를 탄압하려고 했다. 평생을 한글 연구에만 몰두하던, 최현배의 표현에 따르면 "그래도 곱게 자란"(최현배, 「한글과 나와 감옥」, 『녹십자』, 1947년 5월호, 17쪽) 피의자 대부분이 고문을 이겨내기는 힘들었을 것이다.

피의자들을 더 힘들게 한 것은 고문 경찰이 대부분 조선인이었다는 사실이다. 홍원경찰서의 조선인 경찰 13명, 함경남도 경찰부 고등경찰과의 조선인 형사 17명이 취조를 담당했다. 그중에서도 피의자들을 치 떨게 만든 인물은 홍원경찰서의 야스다 미노루(安田稔, 안정묵)와 시바타 겐지(柴田健治, 김석묵)라는 조선인 형사였다. 조선어학회 사건의 발단부터 사건을 만들어내는 데 깊이 관여한 야스다는 이윤재와 이희승을 담당했다. 피의자들에게 '고문왕'으로 불린 시바타는 이윤재의 제자로 장지영, 정인승, 김선기를 주로 맡았는데 자신의 담당도 아닌 스승 이윤재에게 곧잘 욕설을 퍼붓고 마구 때리고는 했다고 한다.

길게는 여덟 달, 짧아도 한 달의 경찰서 구류 기간에 경찰은 엄청난 고문을 했다. 고문은 당연히 불법이었다. 그러나 일제 고등경찰에게 사상범에 대한 고문은 일종의 통과의례처럼 통용되던 시절이었다. 김윤경은 자백을 끌어내기 위해 가해진 고문의 실상을 나중에 다음과 같이 자세하게 회고했다.

고문(악형)의 종류로 말하면 물 먹이기, 천정 들보에 달아매고 치기(소위 '비행기 태우기' 또는 '학춤 추기'라는 것), 몽둥이로 난타하기, 사지로 버티고 개처럼 엎드리게 하기, 난로 불에 타던 장작개비로 벗은 몸을 지지기, 목도로 정강이를 산적 이기듯 난도질하기, 뺨치기, 발길로 차기, 태질하듯 유도식으로 메어치기, 먹으로 얼굴에 그림이나 글을 써 붙이고 여러 사람 앞마다 돌아가면서 능욕적 문답을 시키기, 찬물이나 뜨거운 물을 끼얹기, 이밖에 이루 매거하기 어렵다.

물 먹이는 방법은 수술대 같은 긴 상 위에 벌거벗기고 반듯이 젖히어 눕힌 뒤에 두 다리를 상에 붙잡아 매고 두 손은 상 밑으로 내리어 맞잡아 매어 몸을 움직이지 못하도록 하고 그 추운 겨울에 찬물을 온몸에 쏼쏼 끼얹어 떨리게 하고 한 놈은 머리를 두 다리 사이에 끼도록 상 위에 서서 '빠케쓰'로 나비물로 술술 내려 쏟는 것이다. 그리하면 숨 쉬는 바람에 물을 아니 마실 수 없이 된다. 그리하면 폐로 물이 들어라 들어가게 되는 고로 자연적 생리적으로 숨구멍이 막히고 위로 삼키어 넘기게 된다. '기막힌다' 하는 말을 우리는 흔히 쓰지마는 정말 기막힘을 체험하여 보고 그 말을 쓰는 이는 없다. … 기가 막히게 되니까 혈액 순환은 중지하게 된다. 곧 까물치게 된다('인사불성' 또는 '기절'). 이렇게 되면 그러한 비인도적 야만의 짓을 하던 그놈들도 물 먹이기를 중지한다. 그리하였다가 깨어남을 기다리어 다시 몽둥이로 뭇매질을 하면서 또는 물을 먹이는 것이다. 이같이 되면 나중에 징역이 아니라 사형을 내린다 하여도 그들의 요구대로 죄를 얽을 거짓말을 토하지 아니할 수가 없이 된다.

이것을 그들을 소위 '자백하였다'고 상금이나 승급될 것을 예상하면서 즐거워 날뛰며 웃는 것이다. 이같이 겉으로 속으로 찬물로 식히는 악형을 받고 난 뒤의 춥고 떨림이란 것을 겪어보지 못한 이의 상상도 못할 일이다. 이고루(이극로-인용자)는 처음 함흥서에 있는 동안 첫날에는 두 번, 둘째 날에는 세 번, 셋째 날에는 두 번, 모두 일곱 번이나 죽었다가 살아났다 한다. …

'비행기 타기'란 것은 짚베개 위에 올라서게 한 뒤에 팔을 뒤로 젖히어 두 손목을 맞잡아 매고 그 끈을 허리에 감아 붙이어 매고 목총을 두 팔과 등의 사이로 가로 꿴다. 그리고 천정보에 드리워 둔 밧줄로 그 목총의 중간을 달아맨 뒤에 발밑에 디디고 선 짚베개를 툭 쳐 밀어버리면, 사람은 공중에 대롱대롱 달리게 된다. 그리고 사람을 매암 돌 듯 돌게 하고 때리면서 자백하라는 것이다. 이고루는 열 두어 번이나 이 악형을 당하였다. 십여 분 동안씩 두어 차례나 죽은 상태에 있었다. … 그는 혹독한 난타로 말미암아 손톱과 발톱이 빠져서 병신이 되었으며, 몸에 흠집이 생기었고, 늑막염이 생기어 수년 동안 치료를 받았다. … 그리고 몇 달을 두고 계속적으로 날마다 난타를 많이 당한 이는 이윤재, 한징 두 분이다.(김윤경, 「조선어학회 수난기」, 『한글』 94, 1946, 56~57쪽)

상상을 초월하는 고문으로 끝내 자신들이 원하던 '자백'을 끌어낸 경찰은 1943년 3월 15일 무렵 이극로를 비롯한 24명은 기소하고 권승욱, 김종철, 서승효, 신윤국, 윤병호, 이석린 6명은 기소유예, 안재홍은 불기소, 권덕규와 안호상은 기소중지(건강상의 이유) 의견을 붙여 검찰에 사건을 넘겼다. 1943년 9월 초 아오야나기 검사의 신문이 시작되었다. 같은 해

9월 18일 검사는 김도연, 김법린 등 12명을 기소유예 처리하고, 이극로, 최현배를 비롯한 16명은 예심에 넘겼다.

경찰 기소

김도연, 김법린, 김선기, 김양수, 김윤경, 서민호, 이강래, 이극로, 이병기, 이만규, 이우식, 이윤재, 이은상, 이인, 이중화, 이희승, 장지영, 장현식, 정열모, 정인섭, 정인승, 정태진, 최현배, 한징

검찰 기소

김도연, 김법린, 김양수, 이극로, 이우식, 이윤재, 이인, 이중화, 이희승, 장지영, 장현식, 정열모, 정인승, 정태진, 최현배, 한징

함흥지방법원에서 예심이 진행되던 중인 1943년 12월에는 이윤재가, 1944년 2월에는 한징이 모진 고문의 후유증으로 옥중에서 사망했다. 1944년 2월부터 가을까지 진행된 예심에서 피고인들은 경찰 조서 내용은 고문 때문이었다고 진술을 부인했으나 받아들여지지 않았다. 형식적인 예심이 끝난 것은 1944년 9월 30일이었다. 예심판사 나카노 도라오(中野虎雄)는 "조선어학회가 10여 년간 해온 어문 운동"을 "심모원려를 포함하는 점진적인 독립운동"으로 규정하고는 사망으로 기소가 소멸한 이윤재와 한징, 면소된 장지영과 정열모를 제외한 이극로, 최현배, 이희승, 정태진, 김양수, 김도연, 이우식, 이중화, 김법린, 이인, 장현식, 정인승 등 12명을 공판에 넘겼다.

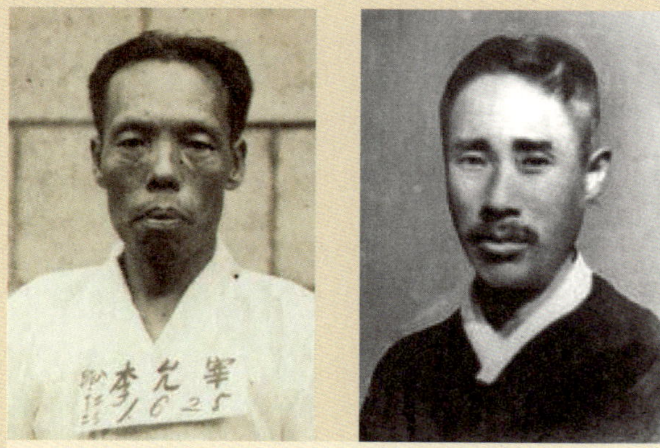

조선어학회 사건으로 옥사한 이윤재(왼쪽)와 한징(오른쪽)

출처: 서대문형무소역사관(왼쪽), 대종교 총분사(오른쪽)

1944년 12월 21일부터 1945년 1월 16일까지 주임 판사 니시다 쇼고(西田勝吳)와 2인의 배심 판사 주재로 9회에 걸쳐 공판이 열렸다. 함흥의 한격만, 박원삼, 유태우와 서울에서 온 나가시마(永島雄藏) 등 변호인들은 1937년 발생한 수양동우회 사건 재판의 '간접 목적은 범죄를 구성하지 않는다'라는 판례에 따라 재판부에 무죄 판결을 내려 달라고 요구했다.

피고인들도 '사전 편찬이 어떻게 독립운동인가?'라고 반문했지만, 검사의 생각은 달랐다. 담당 검사는 이극로, 최현배, 이희승, 정인승, 정태진 등은 독립 목적 결사 조직, 목적 수행 행위 등으로 치안유지법 위반, 이중화, 김법린은 이에 가담한 죄, 이우식, 장현식, 김도연, 김양수, 이인 등 조선어학회 후원자들은 행위 실행뿐만 아니라 목적 사항 실행을 협의하고 선동했다는 죄목으로 8년에서 4년의 중형을 구형했다. 그리고 1945년 1월 16일 니시다 판사가 내린 최종 선고는 장현식을 제외하고 모두 유죄였다.

원심 판결

실형 이극로 징역 6년, 최현배 징역 4년, 이희승 징역 3년 6월, 정인승 징역 2년, 정태진 징역 2년

집행유예 김도연 징역 2년 집행유예 3년, 김법린 징역 2년 집행유예 3년, 김양수 징역 2년 집행유예 3년, 이우식 징역 2년 집행유예 3년, 이인 징역 2년 집행유예 3년, 이중화 징역 2년 집행유예 3년

무죄 장현식

함흥지방법원

출처: 독립기념관

함흥형무소 전경

출처: 일본국립국회도서관

함흥형무소 감방

출처: 일본국립국회도서관

만기 출옥을 앞둔 정태진을 제외한 네 사람은 1945년 1월 18일 고등법원에 항소했다. 검사 사카모토(坂本一郎) 역시 1월 21일 이극로, 최현배, 이희승, 정인승, 장현식에 대해 상고했다. 원래 재판은 3심제가 원칙이었지만 1941년 반체제 행위를 능률적으로 단속하기 위해 개정된 치안유지법에 따라 복심 없이 고등법원으로 직행했다.

7월 20일께가 되어서야 8월 12일에 재판을 연다는 통보가 왔지만, 변론은 서류로 제출해야 했다. 재판은 피고인들이 출석하지 않은 채 궐석재판으로 진행되었다. 그리고 광복을 불과 이틀 앞둔 8월 13일 상고기각으로 원심판결이 그대로 확정되었다.

조선어학회의 한글 운동을 '국체의 변혁'을 노린 독립운동으로 보는 일제 검찰과 법원의 시각은 예심부터 고등법원의 상고심까지 조금도 바뀌지 않았다. 현재 남아 있는 예심 종결 결정서에 따르면 한글 운동은 다음과 같이 규정되었다.

> 민족 운동의 한 가지 형태로서의 소위 어문 운동은 민족 고유의 어문 정리 통일 보급을 도모하는 하나의 민족 운동인 동시에 가장 심모원려를 포함한 민족 독립운동의 점진형태이다. … 표면적으로는 문화운동의 가면하에 조선 독립을 위한 실력양성단체로서 본 건 검거까지 십여 년의 긴 세월에 걸쳐 조선 민족에 대해서 조선 어문 운동을 전개하여 온 것으로 … 다년에 걸쳐 편협한 민족 관념을 배양하고, 민족 문화의 향상, 민족의식의 앙양 등 그 기도하는 바인 조선 독립을 위한 실력 신장에 이바지한 바 뚜렷하다. … 그중에서도 조선어사전 편찬 사업과 같은 것은 광고(曠古)의 민족적 대사업으로 촉망을 받고 있다.

13

조선어학회 사건이 남긴 것

조선어학회 사건의 직접적인 발단에 대해서는 여러 설이 제기되어 왔다. 그러나 정말 중요한 문제는 왜 1942년이라는 시점에 조선어학회가 탄압의 대상이 되었는가를 이해하는 일이다.

한글 운동이 가장 활발하게 전개되던 1930년대 초반이나 중반에도 일제는 조선어학회의 활동을 노골적으로 탄압하지 않았다. 그러나 이러한 상황은 중일전쟁이 일어나고 내선일체라는 구호 아래 일제의 파쇼 지배 체제가 강화된 1930년대 말이 되면서 급격하게 바뀌었다.

일제가 노골적으로 조선 문화와 민족을 말살하는 정책을 추진하기 시작하면서 민족 운동은 본격적인 탄압과 회유를 받게 되었다. 그 결과 상당수의 민족주의자가 민족 운동을 포기하거나 적극적인 친일의 길을 걷게 되었다. 조선어학회는 이러한 탄압과 회유에도 굴복하지 않은 민족주의자들이 마지막으로 모인 곳이었고, 따라서 일제의 탄압은 필연적으로

예견된 것이었다.

여기서 일제가 조선어학회를 탄압하기에 앞서 사전 정리를 철저하게 하고 있었다는 데 주목할 필요가 있다. 이미 흥업구락부와 수양동우회 탄압 사건을 통해 주요 기독교계 민족주의자들의 전향과 침묵을 강요한 일제는 비슷한 시기에 신사 참배를 강요함으로써 나머지 기독교 세력의 친일을 유도하고 이에 저항하는 교회 세력에 대해서는 가혹한 탄압을 가했다.

한편 1930년대 말부터는 황민화 교육을 강화함으로써 민족 운동의 한 장으로서의 학교를 일제의 직접적인 통제 아래 장악했다. 그리고 1940년에는 이른바 민족지라고 불리던 『동아일보』와 『조선일보』의 폐간 조치를 강행함으로써 우리 민족의 언로를 완전히 봉쇄했다. 따라서 1940년 이후에는 한글 운동의 가장 강력한 후원 세력이던 학교, 언론 기관, 종교 단체가 일제의 탄압 아래 무너짐으로써 조선어학회는 고립무원의 상태에 놓이게 되었다. 여기에 민족 운동에 대한 '마지막 탄압'인 조선어학회 사건이 일어난 것이다.

이와 관련해 일제가 1937년 동우회 사건 당시부터 조선어학회에 주목하고 있었다는 기록은 매우 시사적이다. 곧 일제는 동우회 사건과 관련해 조선어학회를 탄압하려 했으나 일단 유보한 뒤, 최현배, 이만규, 이강래, 김윤경, 이윤재를 흥업구락부 사건 및 동우회 사건과 관련지어 학교에서 쫓아내는 등 개인적인 탄압을 가했다. 그러나 이들이 다른 사람들과 달리 일제와의 타협을 거부하자 조선어학회 회원은 물론 한글 운동을 지원하던 후원 세력까지 대상으로 하는 대규모의 마지막 탄압 사건을 일으킨 것이다.

조선어학회 사건은 1942년 10월에 발생했지만, 당시 언론에는 보도되지 않았다. 1940년 8월 10일 『조선일보』와 『동아일보』가 동시에 폐간된 이후, 조선총독부 기관지인 『매일신보』만이 유일한 조선어 신문으로 발행되고 있었다. 그렇지만 1942년 10월 1일부터 1945년 8월 15일까지 『매일신보』는 조선어학회 사건을 단 한 차례도 보도하지 않았다.

이처럼 언론에서 보도하지 않았기에 사건을 알 수 있었던 이들은 피검자의 가족, 사건 관련자, 주변인 정도였다. 따라서 조선어학회 사건이 민중에게 알려지고, 조선어학회가 조선총독부의 언어 정책에 맞서 한글 보급에 진력하며 조선어 사전을 만들고, 민족어 3대 규범을 제정하는 등 민족어 수호를 위한 한글 운동을 전개했다는 것이 민중의 뇌리에 깊이 새겨진 것은 광복 후 쏟아져 나온 언론 보도를 통해서였다.

언론은 조선어학회 사건이나 한글날 관련 기사뿐만 아니라 한글 강습회 개최나 한자 폐지 운동 등 조선어학회와 그 후신인 한글학회의 주요 활동과 주요 인물 발언, 심지어 학회의 총회와 강연회 등에 관한 소식까지 상세하게 보도했다. 특히 광복 후 두 달이 채 되지 않은 시기에 맞이한 한글날 기념식 관련 기사에서는 한글마저 없애려 했던 일제의 만행을 신랄하게 비판하는 한편 조선어학회 사건, 특히 옥사한 이윤재와 한징에 관한 이야기와 추모사 등을 게재해 일제의 탄압에 맞서 '민족어를 지킨 조선어학회, 탄압받은 국어학자들, 독립운동 순국자' 등의 이미지를 대중에 각인시켰다.

예를 들어 광복 후 처음 맞는 한글날 기념식을 『민중일보』는 1945년 10월 3일 자 기사에서 "말과 글조차 없애려는 압정 하에 근근이 지켜오든 우리 민족의 최대 영광의 한글날이 잊혀진 지 8, 9년에 세계 인도의 심

판이 나려"라고 보도했다. 『자유신문』은 1945년 10월 8일 이윤재와 한징의 추도식을 앞두고 "일본 경찰의 포악무도한 강압 하에 조선어학회 사건으로 옥중에서 불행이 별세한 이윤재 한징 양 씨의 추도회가 있을 것으로 일반 유지도 참석하기를 바란다"라고 보도했다. 『자유신문』의 보도는 다음 날까지 이어져 10월 9일 자에는 "오로지 우리말 한글을 위하여 인생을 바쳐 오다가 필경에 고문의 채찍 아래 한 많은 생명까지 희생당한 고 이윤재, 한징 양 선생"이라는 추모사가 실렸다. 이런 기사를 통해 독자들은 옥중 순국한 두 사람뿐만 아니라 조선어학회 자체에 대한 동정과 존경의 마음을 갖게 되었다.

옥사 후 임시로 매장했던 이윤재를 위해 그의 호를 딴 환산선생안장준비회가 1946년 3월 결성되었을 때 『조선일보』는 "일찍부터 조선 민족해방운동에 실명을 바친"(『조선일보』, 1946. 3. 10) 인물로, 『자유신문』은 "온 생애를 바쳐서 한글을 지키고 조선 문화의 옹호 발전과 민족정신 배양을 위해 높은 절개를 지켜오다가 왜적의 독수에 걸려 1943년 12월 8일 마침내 함흥 감옥 독방에서 56세를 일기로 세상을 떠나신"(『자유신문』, 1946. 3. 9) 인물로 묘사했다. 이윤재는 '저항자, 독립투사, 순국자'로 추모의 대상이 되었다. 이윤재와 한징의 죽음을 통해 조선어학회의 한글 운동은 많은 사람의 심정적 동조를 끌어내는 데 성공할 수 있었다.

민족어 수호 투쟁이라는 학회 활동에 대한 보도는 일회성 또는 일시에 그치지 않고, 해마다 10월이면 맞이하는 한글날 관련 기사와 학회 활동, 조선어학회 사건 관련 소식이 나올 때마다 거듭 반복되었다. 그리고 신문 기사의 제목에는 고투, 민족어 수호, 민족정신 계승과 같은 표현이 빈번하게 등장했다. 조선어학회와 관련된 서사는 광복 직후 쏟아진 조선어학회와 조선어학회 사건 관련 언론 보도를 통해 대중에게 강력하게 각인되었다. 언론의 빈번한 보도가 해방 공간에서 '존경과 숭앙의 대상으로서 조선어학회의 상'을 만들어 냈고, 조선어학회에서 이름을 바꾼 한글학회에 대한 민중의 전폭적인 지지를 끌어내는 동력이자 원천이 되었다. 한글학회는 이를 발판으로 삼아 힘차게 언어 운동을 이어갔으며, 주시경 이래 수많은 한글 운동가가 꿈꾸어 온 한글의 세계로의 전환을 실현해 나갈 수 있었다.

광복이 되고 미군이 남한에 진주하면서 언어 문제는 새로운 상황을 맞았다. 미국으로서는 미국식 자유 민주주의 체제를 뿌리내리는 것이 중요한 과제였다. 이를 위해서는 자유 민주주의가 얼마나 좋은지를 선전해야 했다. 그러나 무려 80퍼센트에 이르던 당시 문맹률이 대중 교화 사업의 장애가 되었다. 이에 미군정은 대중 교육용 언어로 한글이 적합하다고 판단했다. 그러면서 미군정은 학무국의 실세이던 미국 유학생 출신 오천석의 추천으로 최현배를 언어 정책 실무 책임자로 선택했다.

한글 운동 세력은 광복이 되자마자 조선어학회를 재건하는 한편 미군정과의 긴밀한 유대를 바탕으로 새로운 나라를 만드는 데 필요한 한글의 정리와 보급에 온 힘을 기울였다. 최현배가 조선어학회 사건 이전에 몸담았던 연희전문학교로 돌아가지 않고 미군정청 관료로 언어 정책의 실무 책임을 맡은 것은 해방 정국기 한글 운동 세력이 어떠한 지향성을 갖고 있었는지를 잘 보여준다.

최현배는 1945년 9월 미군정청 학무국 편수과장에 취임했다. 편수과장은 교과서 발간을 책임지고 있던 자리였다. 최현배에 이어 10월에는 주시경 학파의 오랜 동지인 장지영과 이병기가 편수관으로 임명되었다. 세

조선어학회 사건 관련자 출옥 기념사진(1949)

출처: 독립기념관

조선어학회 관계자 기념사진(1949)

출처: 국립중앙도서관

사람이 편수과에 들어감으로써 조선어학회의 이론이 언어 정책의 기초가 되었다. 1946년 2월 학무국 편수과는 문교부 편수국으로 바뀌었다. 국장은 최현배, 부국장은 장지영이었다. 여기에 최현배는 조선교육심의회의 교과서 분과의 책임을 맡기도 했다.

1948년 2월 미군정 문교부 편수국은 『우리말 도로찾기』를 발행했다. 이 일을 주도한 인물은 편수국의 최현배와 장지영이었다. 이 책자에 실린 우리말 도로찾기 '방침'과 어휘 목록은 장지영이 『한글』 1946년 11월호에 발표한 「나랏말을 깨끗이 하자」와 내용상 크게 다르지 않았다.

광복 후 전체 민중의 약 78퍼센트가 문맹 상태였기에 한글을 가르치는 일은 하루도 미룰 수 없는 시급한 과제였다. 조선어학회에서 이름을 바꾼 한글학회는 한글 강습에 착수해 전국 각 학교, 관청, 은행, 회사, 공장, 사회단체의 요청에 따라 강사를 파견했다. 강사가 부족할 때는 학회 회원이 아닌 사람까지 섭외해 보냈다. 한글을 배우고자 하는 민중의 열기는 뜨거웠고, 강사들의 인기는 하늘을 찌를 듯했다.

한글학회는 한글 강습회에서 1933년에 제정한 한글 맞춤법 통일안을 적극 보급했다. 한글 맞춤법 통일안의 일부 내용을 비판하는 기사가 한 신문에 실렸는데, 글쓴이가 자신을 "조선어학회의 부단한 노력과 지대한 공적에 심심한 사의와 아울러 경의를 표하는 자"라고 소개할 정도로 조선어학회와 한글학회에 대한 감사와 존경의 정서는 민중 사이에 폭넓게 형성되어 있었다.

주시경의 학설을 계승한 한글학회는 일제 식민 지배를 받는 동안 추진할 수 없었던 한글 전용 운동에 착수했다. 쉬운 한글로 문맹을 타파하고 지식과 정보를 빠르게 습득하자는 뜻을 담은 운동이었다.

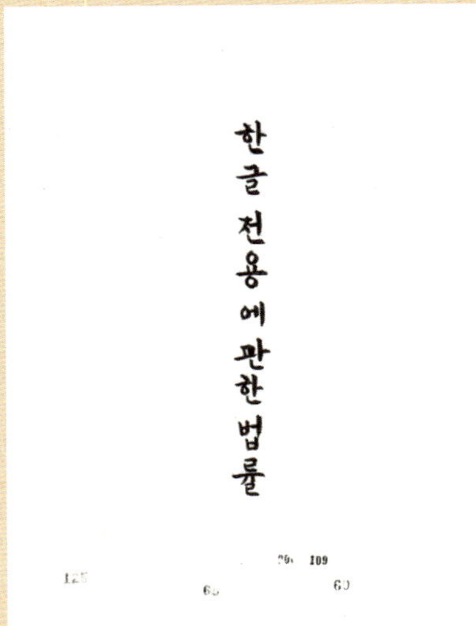
한글 전용에 관한 법률

한글 전용에 관한 법률

출처: 국가기록원

물론 한자 폐지를 선언한 학회의 한글 전용 운동에 반대하는 이들 또한 적지 않았다. 1945년 11월 30일, 한글학회를 중심으로 각계 인사 1,171명이 참여한 한자폐지실행회가 '문맹 퇴치, 우리 말글로 새 문화 건설'이라는 목표를 내걸고, '초등 교과서 한자 폐지' 등을 요구하며 활동을 시작했다. 이어 미군정 학무국 조선교육심의회 교과서 분과위원회에서 한자 폐지안을 본회의에 제출했다. 당시 조선교육심의회 위원 중에 한글 운동가나 지지자가 다수를 차지하고 있었다. 그 결과 1945년 12월 8일 조선교육심의회 전체 회의에서 '초등, 중등교육에서는 원칙적으로 한글을 쓰고, 한자는 안 쓰기로 한다'라는 한자 폐지안이 가결되었다. 우리 역사상 첫 한자 폐지 결정이었다.

1948년 5월 10일 첫 총선거 결과 제헌국회가 구성되자 한글학회는 한글 전용의 입법화에 적극적으로 나섰다. 7월 24일 국회가 한글 전용에 관한 법률을 제정하라는 성명을 발표하자 두 달 뒤인 1948년 9월 29일 권태희 외 138인이 한글 전용에 관한 법률안을 제출했다. 이 법률안이 10월 1일 열린 제79차 국회 본회의에서 재석 인원 131명 중 가 86, 부 22로 가결되었다. 이어 같은 달 6일 정부가 법률 제6호로 '한글 전용에 관한 법률'을 공포했다. 이로써 정부가 한글을 공식 문자로 정하는, 말 그대로 언어 혁명의 법제화가 이루어진 것이다. 이는 거슬러 올라가면 주시경 이래 많은 한글 운동가들의 헌신과 희생, 특히 조선어학회 사건에서 한글 운동가들이 일제의 탄압을 받은 것의 결과물이라고 할 수 있다.

참고문헌

- 『동아일보』, 『한글』
- 「주시경 선생 약력과 진영」, 『한글』 5, 1927.

- 高等法院刑事部, 「昭和20年 刑上 第2,9號」, 1945(조선어학회 사건 최종 판결문)
- 고영근, 「개화기의 국어연구단체와 국문보급활동」, 『한국학보』 30, 1983.
- ______, 『한국어문운동과 근대화』, 탑출판사, 1998.
- 권승욱, 「조선어학회 수난의 회고」, 『민성』 34(5-5), 1949.
- 김계곤, 「조선어 학회 수난의 전말」, 『한힌샘 주시경 연구』 9, 1996.
- 김민수, 「주시경의 업적」, 『국어학』 1, 1962.
- ______, 「조선어학회의 창립과 그 연혁」, 『주시경학보』 5, 1992.
- 김상필, 「조선어학회 수난 사건의 전모」, 『나라사랑』 42, 1982.
- 김석득, 「조선어학회 수난사건--언어관을 통해서 본」, 『애산학보』 32, 2006.
- ______, 「근·현대의 국어(학) 정신사」, 『한글』 272, 2006.
- 김윤경, 『朝鮮文字及語學史』, 조선기념도서출판관, 1938.
- ______, 「조선어학회 수난기」, 『한글』 11-1, 1946.
- 김철훈, 「박진순 일파에 대한 보고-제3국제공산당 동양비서부에」, 1921.12.27.
- 미쓰이 다카시, 임경화 · 고영진 옮김, 『식민지 조선의 언어 지배 구조: 조선어 규범화 문제를 중심으로』, 소명출판, 2013.
- 미쓰이 다카시, 「식민지시기 조선에서의 언어운동 전개와 그 성격-1920~30년대를 중심으로」, 『흔들리는 언어들: 언어의 근대와 국민국가』, 성균관대학교 출판부, 2008.
- ______, 「'언어문제'에서 본 한국 근대사-교육 정책과 언어운동의 측면에서」, 『한국학연구』 22, 2010.
- ______, 「식민지하 조선의 언어 정치학 조선 언어정책·사회사재고」, 『한림일본학』

20, 2012.
• 박걸순, 『국학운동』, 독립 기념관 한구 독립 운동사 연구소, 2009.
• 박영신, 「조선어학회가 겪은 '수난' 사건의 역사 사회학: 학회 조직의 성격과 행위 구조」, 『애산학보』 32, 2006.
• 박용규, 『조선어학회 항일투쟁사』, 한글학회, 2012.
• 신용하, 「주시경의 애국계몽사상」, 『한국근대사회사상사연구』, 일지사, 1987.
• 이규영, 「한글모 죽보기」, 『한힌샘 연구』 1, 1988.
• 이극로, 「조선어문정리운동의 금후」, 『조선일보』, 1935.10.28.
• _____, 「한글 발달에 대한 회고와 및 신전망」, 『조선일보』, 1935.11.4~5.
• _____, 『고투사십년』, 을유문화사, 1947.
• 이인, 『반세기의 증언』, 명지대학 출판부, 1974.
• 이준식, 「외솔과 조선어학회의 한글 운동」, 『현상과 인식』 18권 3호, 1994.
• _____, 「일제 침략기 한글 운동 연구」, 『한국사회사연구회논문집』 49집, 1996.
• _____, 「일제 강점기의 대학 제도와 학문 체계: 경성제대의 '조선어문학과'를 중심으로」, 『사회와 역사』 61, 2002.
• _____, 「최현배와 김두봉-언어의 분단을 막은 두 한글학자」, 『역사비평』 82, 2008.
• _____, 「히못(白淵) 김두봉의 삶과 활동」, 『나라사랑』 116, 2010.
• _____, 「해방 후 국어학계의 분열과 대립: 언어민족주의와 '과학적' 언어학을 중심으로」, 『한국근현대사연구』 67, 2013.
• _____, 「지식인의 월북과 남북 국어학계의 재편: 언어정책을 중심으로」, 『동방학지』 168, 2014.
• _____, 「정태진의 한글운동론과 조선어학회 활동」, 『동방학지』 173, 2016.
• 이지원, 「조선어학회사건」, 『한국독립운동사사전 6 운동단체 편(IV)』, 독립기념관, 2004.
• 이희승, 「조선어학회사건회-사건의 발단」, 『사상계』 73, 1959.
• _____, 『다시 태어나도 이 길을』, 능력개발, 1977.
• _____, 『딸깍발이 선비의 일생』, 창작과 비평사, 1996.

• 임경석, 「20세기 초 국제질서의 재편과 한국 신지식층의 대응」, 『대동문화연구』 43, 2003.
• 장신, 「조선어학회 사건의 발단과 민족서사의 탄생」, 『한국독립운동사연구』 53, 2016.
• 정긍식, 「조선어학회 사건에 대한 법적 분석: 〈예심종결결정서〉의 분석」, 『애산학보』 32, 2006.
• ______, 「조선어학회 고등법원 판결 분석」, 『애산학보』 44, 2017.
• ______, 「조선어학회 수난 사건의 법사적 검토」, 『한글』 84권 4호, 2023.
• 정승교, 「일제는 왜 조선어학회사건을 일으켰나?—기만적 동화정책의 파탄」, 『애산학보』 32, 2006.
• 정재환, 『한글의 시대를 열다』, 경인문화사, 2013.
• ______, 「조선어학회사건과 해방 후 어문운동의 상관관계-해방 후 조선어학회 어문운동의 원천이 된 조선어학회사건」, 『한글』 338, 2022.
• 정태진기념사업회 편, 「석인 선생을 추모하며-영생여고 제자 좌담회」, 『생활십측(生活十則) 어떻게 살까』, 민지사, 2003.
• 정해동, 「선친과 그 주변 사람들을 생각하며」, 『애산학보』 32, 2006.
• 조재수, 조선어 학회와 p—, 『애산학보』 32, 2006.
• 최경봉, 『우리말의 탄생: 최초의 국어사전 만들기 50년의 역사』. 책과함께, 2005.
• ______, 「일제강점기 조선어학회 활동의 역사적 의미」, 『민족문학사연구』 31, 2006.
• ______, 「일제의 일본어 사용 정책과 조선어학회」, 『내일을 여는 역사』 32, 2008.
• ______, 「근대적 언어관의 전개와 국어정립이라는 과제의 인식 양상: 한국의 특수성을 중심으로」, 『동방학지』 158, 2012.
• 최현배, 「나의 존경하는 교육자 주 시경 스승」, 『나라건지는 교육』, 정음사, 1963.
• ______, 「나의 걸어온 학문의 길」, 『나라사랑』 10 , 1973.
• ______, 「나의 저서를 말한다」, 『나라사랑』 10, 1973.
• 한글학회 엮음, 『얼음장 밑에서도 물은 흘러』, 한글학회, 1993.
• 한글학회, 『한글학회 50년사』, 선일인쇄사, 1971.

- 한인섭, 『식민지 법정에서 독립을 변론하다』, 경인문화사, 2012.
- 한명세, 「코민테른 집행위원회 상임간부회 앞 보고」(원문은 러시아어)
- 함흥지방법원, 「조선어학회사건 예심종결결정문」, 『겨레어문학』 6, 1972.
- 최현배, 『조선 민족 갱생의 도-1930년판』, 연세대학교 출판 문화원, 2013.

- 三ツ井崇, 「朝鮮語學會の朝鮮語規範化運動と朝鮮語學會事件」, 『東アジア研究』 35, 2002.
- ______, 『植民地下朝鮮における言語支配の構造: 朝鮮語規範化問題を中心に』, 一橋大學 大學院 博士 學位 論文, 2002.
- ______, 「植民地期朝鮮における言語運動の展開と性格: 1920~30年代を中心に」, 『歴史學研究』 802, 2005.
- ______, 「植民地期朝鮮におけるハングル運動と傳統-'訓民正音'・植民地權力,そして'言語運動史'」, 『歴史評論』 673, 2005.
- ______, 『朝鮮植民地支配と言語』, 明石書店, 2010.
- ______, 「解放後南朝鮮/韓国における言語運動・政策と'言語運動史'-植民地期との'連続'に注目して」, 『歴史學研究』 875, 2011.

찾아보기

일제침탈사 바로알기 38

일제강점기 한글 운동과 조선어학회 사건

초판 1쇄 발행 2025년 12월 19일

지은이 이준식
펴낸이 박지향
펴낸곳 동북아역사재단

등 록 제312-2004-050호(2004년 10월 18일)
주 소 서울시 서대문구 통일로 81 NH농협생명빌딩
전 화 02-2012-6065
홈페이지 www.nahf.or.kr
제작·인쇄 (주)동국문화

ISBN 979-11-7161-258-1 (04910)
978-89-6187-482-3 (세트)